我们从哪里来？我们走向何方？中国到了今天，我无时无刻不提醒自己，要有这样一种历史感。

——习近平

摘自习近平总书记在北京会见第二届“读懂中国”国际会议外方代表时的谈话（《人民日报》2016 年 1 月 5 日）

读懂中国

读懂中国丛书

读懂中国丛书

大国之治：
中国古代的治理智慧

徐伟新　著

CIPG | China Foreign Languages Publishing Administration
中国外文出版发行事业局
外文出版社
FOREIGN LANGUAGES PRESS

总　序

郑必坚

读者面前的这套丛书，有一个总题目，叫作：读懂中国。

为什么要提出“读懂中国”的问题呢？

你看，当今世界发生的变化，可谓天翻地覆，令人目不暇接。最大的变化，莫过于中国。

从20世纪中叶新中国成立以来，特别是最近这40年时间，就使一个多达十三亿多人口的贫穷落后的东方大国，实现了跨越式大发展，迅速成为世界第二大经济体。

人们自然会问：在中国，究竟发生了什么事情？中国快速发展的奥秘究竟是什么？

人们自然也会问：一个正在强起来的中国，和世界怎么相处？

于是乎，问题套问题，疑虑叠疑虑，“中国威胁论”“中国崩溃论”，“修昔底德陷阱”“中等收入陷阱”，这“论”那“论”，这“陷阱”那“陷阱”，纷纷指向中国。

毫无疑问，中国人应当坚定不移地走自己的路，把自己的事情办好。而这本身就包含着，为了回答人们的关切、问题和疑虑，必须做好一件事:“读懂中国”。

为此，由我主持的国家创新与发展战略研究会发起，联合中国人民外交学会，和国际知名智库21世纪理事会合作，在2013年11月和2015年11月先后举办了两届“读懂中国”国际会议。

这两次重要的国际会议，得到了中共中央总书记、国家主席习近平的重视和支持，亲自到会同与会外国嘉宾座谈。国务院总理李克强和副总理张高丽分别出席了第一届和第二届会议，并在会上作了开幕演讲。中共中央和国务院许多部门的领导同志，也到会同来自世界各国的政要和专家学者进行面对面的交流，回答大家提出的问题。

会议取得的成功，给我们的最大启示是：只要直面问题，只要心诚意真，只要实事求是且生动具体地讲好中国故事，讲好中国共产党的故事，讲好中国和世界相处的故事，将大有利于关心中国的人获得新知，怀疑中国的人逐步释惑。

为此，我们设想，把“读懂中国”的国际会议搬到书本上，搬到视频上，搬到网络上，在更大的场合，用更加生动的形式，回答人们的关切、问题和疑虑。

这一设想，不仅得到了有关部门的大力支持，不仅得到了中国外文局和外文出版社的大力支持，而且得到了一批对这些问题有亲身实践经验和较深研究的专家学者和领导同志的大力支持，为丛书撰稿。

这就是读者面前这套丛书的由来。现在编辑出版的还只是这套丛书的第一辑，以后还会有第二辑、第三辑以至更多的好书问世；现在这一辑主要是中国作者的作品，以后还会有其他国家作者的作品。

不仅是丛书，以后还会有配套的电视专题片和网络视频，陆陆续续奉献给大家。

在我们看来，“读懂中国”，包括“读懂中国共产党”“读懂中国和世界的关系”，是一个宏大的事业。

让我们共同以极大的热情，来关注这一事业、参与这一事业！

二〇一八年三月

总序二

郑必坚

在全国人民共同庆祝中国共产党成立100周年之际，我们的“读懂中国”丛书第二辑又摆在了读者的面前，外文版也将在近期面世。

2018年，“读懂中国”丛书第一辑（中英文版）在第三届“读懂中国”国际会议上举行首发式，几年来，我们陆陆续续收到读者的反馈，无论是有关部门的领导，还是专家、学者、媒体人士，以至我们的海外读者们，都对我们的丛书给予了高度评价。在此，向你们表示衷心的感谢！正是你们的关心和关注，才使得我们的丛书更有分量、更显智慧、更具价值。

为什么要组织编写“读懂中国”丛书呢？对于这个问题，我在丛书“总序”中已经给读者作了解答。在这里我想强调的是，在2015年由国家创新与发展战略研究会、中国人民外交学会和21世纪理事会共同举办的第二届“读懂中国”国际会议上，习近平总书记在同外方政要和专家学者座谈时讲到“读懂中国”是向世界介绍中国的一个很好的平台，他还说：“我们从哪里来，我们走向何方？中国到了今天，我无时无刻不提醒自己要有这样一种历史感。”事实上，中国从哪里来、中国走向何方，也是人们长久以来对中国这个世界第二大经济体所提出的问题和疑虑。于是，我萌生了组织各方面专家学者编写“读懂中国”丛书的想法。

“读懂中国”丛书都讲了些什么？在中国特色社会主义已经进入新时代的今天，要“读懂中国”最重要的自然就是要读懂新时代的中国，而要读懂新时代的中国，最重要的自然就是要读懂习近平新时代中国特色社会主义思想。因此，国家创新与发展战略研究会在中央领导的肯定和有关部门的指导下，在中国外文局和外文出版社的大力支持下，邀请了一批有丰富实践经验、并对中国问题有着深刻观察和研究的专家学者，就习近平新时代中国特色社会主义思想和改革开放四十多年所走过的道路，特别是中共十八大以来以习近平同志为核心的党中央治党治国治军的重要决策、重大进展及面临的新形势新挑战等海内外关注的焦点问题作出专门论述。

“读懂中国”丛书有什么值得推荐的吗？我以为，需要特别指出的至少有这么两点：一是内容上的实事求是，二是风格上的生动具体。“实事求是”是指我们的作者努力向大家展示一个真实、立体、全面的中国；“生动具体”是指纳入丛书的这些论著，不仅凝结着作者多年一贯的学术思考，而且展现了一个又一个有画面感的故事，毫不晦涩、毫不做作。

“讲好中国故事，讲好中国共产党的故事，讲好中国和世界相处的故事”，是帮助“关心中国的人获得新知，怀疑中国的人逐步释惑”的最好方式。我们是这么想的，也是这么做的。

“读懂中国”丛书第一辑获得广泛关注，让我们感到，这件事我们是做对了，我们抓“读懂中国”这个主题抓对了。特别是站在“两个百年”历史交汇点的今天，面临大变局、大考验，中国更要推动“读懂中国”这个宏大事业，包括“读懂中国共产党”“读懂中国和世界的关系”，从而逐步实现“大合作”。

这个事业不容易，但值得干。希望越来越多的朋友加入我们的事业，且给我们以指教。让我们一起努力！

二〇二一年六月

目 录

前言

庚子年初，本书写作启动。一场席卷全球的重大灾难正在发生。新冠病毒在全球迅速蔓延，戴口罩，居家隔离，地铁、高速公路封闭，航班停飞等等，正常的生活秩序、生产秩序、社会秩序瞬间改变，人类活动仿佛被按下了“暂停键”。无论国家、政府，还是社会组织和个人，都投入到挽救生命、遏制病毒的战斗中。这是一场瘟疫与人类的殊死搏斗，考验着人类的医疗科技能力、认知判断能力以及组织防疫能力，但最根本的，它考验的是一个国家面临重大突发事件时的应对能力和治理能力。

2014 年中国共产党十八届三中全会提出国家治理现代化的重大课题，2018 年中国共产党十九届四中全会重申并部署了推进国家治理现代化的战略规划，而此次新冠肺炎疫情，可以说既是对各国国家治理能力的重大挑战，也是对提升国家治理能力的迫切呼唤。

新冠肺炎疫情所提出的重大挑战与我们正在思考的问题相遇——如何推进国家治理现代化，这同时也是我们近期所关注的课题。此时此刻，这种研究的必要性、紧迫性更加凸显了。

走进中国国家治理现代化的研究，我们发现中国现有的治理观念、治理机制、治理方法等，在中国历史上都有迹可循。中国古代社会形成了丰富的国家治理智慧，而这些智慧在今天仍然具有强大的作用。之所以如此，大概是因为今天中国的治理与古代中国的治理有几个一贯性：

疆域辽阔。中国古代先民从黄河流域逐渐向外扩散，到清朝，已形成与今天大致相当的国土面积。在这样一个大规模的国土空间，长期以来存在着各区域的自然禀赋和社会发展的不平衡，因此需要对资源的利用进行调配与再平衡，这些无疑都增加了国家治理的复杂性。

人口众多。中国人有自己独特的生命观，多子多福是基本的生育价值观。人口不断地增长，由黄河流域逐渐向外扩张。一片片新开垦的土地，江南精耕细作的稻田，都生动地诠释了颠扑不破的两种生产观——人的生产以及为维持人的生存所必需的生活资料和生产资料的生产。如何使这么庞大的人口有效地组织起来、运转起来、协调起来，对任何一个国家政府，都不是一件轻松的事。

民族多样。当华夏民族开发黄河流域的时候，各少数民族的先民也同时开发了中国及中国周边的广大地区。56 个民族像 56 朵美丽的鲜花在中华大地蓬勃生长，民族意识与国家意识的对立统一关系，在古代中国的社会治理中，始终是一个极具挑战性的基本问题。

历史悠久。中华民族 5000 年来创造了灿烂的独具特色的中华文明，这种文明源远流长，绵延不断。中国成为世界上最古老的文明大国。中华文明流淌在中国人的血液中，凝聚在中国人的骨子里，是今日中国最广泛、最深厚、最持久的基础力量。读懂今日之中国，唯有了解古代之中国。

中国国家主席习近平指出：“中华文明 5000 多年绵延不断、经久不衰，在长期演进过程中，形成了中国人看待世界、看待社会、看待人生的独特的价值体系、文化内涵和精神品质，这是我们区别于其他国家和民族的根本特征，也铸就了中华民族博采众长的文化自信。”经历了5000年风雨的洗礼沉淀，疆域、人口、民族、历史、文化这些基本的国家要素，铸就了中华民族国家治理的基本理念、基本制度和基本方法，历久弥新。

于是，从哪里来，成为研究当代中国国家治理的时空性前提，也是理解中国国家治理独特性、坚韧性以及未来走向的历史起点和必然逻辑。

在改朝换代的历史更迭中，思想家、政治家们注重总结经验教训，日积月累，不断完善和加固以皇权为主导的国家治理大厦，形成了一个极为丰富、系统完整又颇具特色的国家治理体系。在这里，我们从思想理念、制度安排和方法运用三个方面，对这个结构进行分析。

在思想观念方面，我们总结提出了十三个基本概念。这些概念涵盖了古代中国治理最基本的思想主张，涉及自然观、世界观、道德观、价值观、生态观、治理观等等。

在制度安排方面，我们列举出了十三项制度。古代中国的治理思想文化与制度安排息息相关，体现在两个方面：一是思想塑造政治制度，文化支撑治理体系；二是在几千年里核心政治观念与社会结构和思想文化相关联，贯穿于国家治理的制度体系之中，具有超稳定性和连续性，根深蒂固的核心政治观念与超稳定的国家制度结构是维系古代中国延续5000年之久的根本力量。

在方法运用方面，我们提炼了九大方法。这九大方法既是古代中国政治家治国理政的经典智慧，也是中国人在漫长的历史过程中所积淀形成的基本的文化性格和思维方式，是中国人最为典型的精神气质。正是借助于这些方法，在几千年基本理念基本不变、基本制度基本不变的治国实践中，中华民族成功地应对和化解了一次又一次风险与危机。中华民族分分合合，国土与人口的体量不断扩大，中华文明成为世界古代文明中唯一未中断的文明形态。

如果把古代中国治理比喻为一艘大船，那么思想理念就是罗盘针、是导引，制度安排就是船体、是基本结构，方法运用则是风帆和船桨。方法运用不仅为中国治理这艘大船提供动力，而且维护平衡，特别是在船体转身的时候，方法运用得当可四两拨千斤，化腐朽为神奇。思想、制度、方法，这三者缺一不可，以各自独特的作用维系着中华大船乘风破浪。

最后，我还想说两点：

一是中国古代治理的独特性。稳定与发展，是政治实践中的一对基本矛盾，也是任何一种政治制度安排的基本目标，古今中外，概莫能外。既如此，放眼世界，为什么从古至今我们看到的是五花八门的不同的政治制度及运行体制呢？而古代中国的治理特色又从何而来呢？

其缘由可能有两个基本因素：空间与时间。

空间即地域，一方水土育一方人，一方水土铸就一种文化形态。草原文化、高山文化、海洋文化、平原文化等等，无不体现着各自显著的地理特点，我们无法区别文化的高低优劣，无法判断哪一种文化更优秀，她们是生于斯长于斯的人和自然的共同产物。由地理环境所决定的文化的样态与发展，与政治建构存在着必然的生成关系。文化乃至地理环境，是政治制度的底色。在古代中国，西部的高山沙漠和东南部的汪洋大海，把中华文明限制在稳定的空间之内，既保证了中华文明的纯粹性和自主性，也形成了中国政治制度的独特性和自生性。

时间即时代。人们自己的活动创造的社会生产力，即人们自身能力的不断提高，推动着历史车轮滚滚向前，由此形成发展程度不同的社会形态，包括经济形态、政治形态和文化形态。马克思认为，“手推磨产生的是封建主为首的社会，蒸汽机产生的是工业资本家为首的社会”，说的就是这个道理。也正因此，我们说文化又是可以区别出高低优劣的，人类从茹毛饮血的原始社会，经历奴隶社会、封建社会、资本主义社会，而后走向共产主义社会，其社会进步性、成长性、阶梯性不言而喻。古代中国的政治制度是在农耕文明的基础上生长的，体现了那个时代的人的需要，是那个时代的人基于生存环境的觉醒和对时代问题的反思的产物，深深地烙刻着时代的印记。也正因此，相对于今天而言，古代中国国家治理的基本理念和基本制度安排，本质是不可取的。如果用本与末的关系来分析古代中国国家治理，我们认为正确的态度是“舍本取末”。“本”，是说古代中国国家治理的本质性规定，包括基本治理理念、基本治理制度的本质与要义，如“授命于天”的皇权理念、中央集权的政治制度，以及高度垄断的经济体制和排斥多样性的独尊儒术的意识形态建构等等，这些是不足取的，应该予以抛弃；而其“末”，即古代中国国家治理的丰富的思想、方法，以及具体制度的设计、衔接等等，体现了古代政治家的智慧，是应该认真汲取并发扬光大的。

总之，独特的地理环境与特定时代的人的需要，是我们理解古代中国国家治理的两个必然维度，也是今天倡导要对中国传统文化进行创造性转化、创新性发展的基本缘由。

二是中西文化的互补性与全球治理。随着各国力量的此消彼长，二战后形成的世界均势正在崩塌，全球秩序和全球治理面临重大调整。正在发生的席卷全球的新冠肺炎疫情造成全球经济重大衰退，使已经发生裂隙的全球秩序雪上加霜。重塑全球秩序、优化全球治理，成为国际社会的普遍呼声。

全球治理向何处去？不同历史背景下，文化呈多样性且具差异性的各个国家及民众对未来全球治理的认知能够达成共识吗？2020年1月以来，新冠病毒在全球的肆虐使两个情况凸显：一是人类命运共同体的理念与需求从未如此清晰有力地触动每一个地球人，“岂曰无衣，与子同裳”“山川异域，风月同天”，应对新冠病毒需要各国携手同行、守望相助，人类命运共同体意识空前增强。二是虽然人类共存于一个抗疫的共同体中，但是各国以自己的方式参与其中，文化理念和传统认知在很大程度上左右着一国的抗疫行为乃至抗疫的成效。例如，儒家文化主导的东亚国家，民众容易遵从政府的抗疫要求，如佩戴口罩、封闭社区、限制出行等，因此新冠病毒被有效隔离和控制，而在非儒家文化的西方一些国家里，民众更看重个人的自主权，有限度地接受政府的防疫要求，甚至相当一部分人抵触和排斥政府要求，不愿戴口罩，仍然聚集、出行等等，结果就是新冠病例的大幅增长。中国政府在抗击新冠疫情中，表现坚决果断、科学高效，成功地遏制了疫情的大范围扩散，成为2020年全球唯一实现经济正增长的主要经济体。这一方面源于中国国家治理制度的优势，特别是集中力量办大事的制度优势，另一方面，更深的缘由则是中国人在5000年历史风雨积淀中所形成并始终持有的价值追求，包括家国同构、家国一体，天下兴亡、匹夫有责等。中国的医生、护士和社区工作者作为“最美逆行者”，夜以继日地加班，为抗击新冠疫情做出了重大贡献。

以色列著名的社会学家艾森斯塔德曾提出多元现代性主张，认为现代性应当是个复数形式，而非单一形式。人类创造历史的方式和道路从来都是不同的、多样的，此次抗击新冠疫情，愈加证实了人类命运共同体之多元一体的本质与特征。

文化的差异将长期存在，构建全球秩序必须正确对待不同文化的差异性，对差异性处理不好，就会损害共同性和一体性。在未来的全球治理中，中华文明与西方文明的相互倾听、相互交流、相互补充，即中西文化互补，将是人类命运与共同发展的前途与方向。

徐伟新

2020 年庚子岁末写于大有庄 100 号

第一部分

思想篇

道是宇宙的本体，天地人物皆由道生、各法其道，天有天道，地有地道，人有人道，物有物理。“天人合一”是中国最高文化理念，举凡文化之自然观、世界观、价值观、治理观都蕴含在“天人合一”之中。中国古代的国家治理，以人道作为逻辑起点，体现在价值理想、施政理念、治理目标、政绩观念、能力建设、治理方法等方面。在价值理想上，达到“天下为公，世界大同”的至高境界；在施政理念上，要求民惟邦本、施行仁政；在治理目标上，达到仁政安邦；在政绩观念上，要求重义轻利；在能力建设上，做到内圣外王，达到尚贤使能；在治理方式上，倡导无为而治，备豫不虞。中国古代国家治理以“中和位育”理念使天地人物各得其所，以“协和万邦”理念使其他民族人民认同，以人文化成天下，是为善治之道。

一、天人合一

“天人合一”是传统中国的最高文化理念。天人关系是中国传统文化的母题，其他思想由此生发演绎而成。“天人合一”思想既是宇宙本体论，又是一种自然观、世界观，也是一种价值观、伦理观、治理观、思维方式与文化理念，表现为人生的一种最高价值追求，是中国文化的根本精神，凸显了中国思想的特性。

儒家认为天的本性至正至贵、至善至灵，所以能生生不息。天至善的本性赋予人中正太和之气，人若能悟道而确保其至善与太和，则会永远顺利而坚固，这就是《周易》所讲“保合太和乃利贞”的道理。儒家倡导的“天人相通”“天人相交”“天人相类”以及“天人一理”“天人一心”，所讲皆为“天人合一”。中国古代以“天人合一”为中心重新建构了有机整体的宇宙图式，人在其中获得了活动的自由，得以保持其存在、变化和循环。道家主张万物平等，认为天地有好生之德，事物之间没有价值的区别，主张人类应当尊重万物天赋的本性，任其自然发展，实现人与天道的合一。

“天”是人与物生成的基础和前提。天的高尚性与客观先在性指明了天的“生生”职责。在天的生物层面上，人为“天”所生，肉体是自然万物的一个部分，当与世间万物“并育而不相害”。就人的灵魂而言，在天地人之中，人是天地之中、万物之上的，人的灵魂是形上之道，故人与天地平齐，贵于万物。较于万物，人是最高尚、最尊贵的，“天地之精所以生物者，莫贵于人”（《春秋繁露 · 人副天数》）。人与天地既是一个整体，又有独立性，为天地之心，要求把肉体人放在万物第一位，尊重人、肯定人；把精神人，即道体人，置于天地平齐之位，参与赞助天地之化育。因为人具有动物所不具备的天然的善性和禀赋，所以人成为万物之灵。

人有灵明，超乎万物之上，主要体现在以下几个方面：其一，人与物的差异首先表现为人有道德意识，能行仁义。《论语》说，“钓而不纲，弋不射宿”，就是用鱼竿钓鱼而不用渔网捕鱼，不射杀回巢休息的鸟兽，体现了人的仁德之心，即以“天地之心”协助天行道。其二，善“群”而结成共同体。圣贤之人通过道德礼仪将民众聚合起来，架设起以人心之“诚”作为媒介的“天人相类”“天人相通”“天人相生”的桥梁。其三，把生养万物作为自己的职责，能服从天地的意愿，用自己的生生之心“延天佑人”。人类的责任就是依照天地德性与人类精神行事，这种德性由天道（即自然）而赋予天地，复由天地赋予人类，主要体现在天地自然与人类本性之中。《中庸》称之为“参天地，赞化育”，参与天地正道之生生、序列四时和帮助其裁成万物的过程，以兼利天下。

“天人合一”是顺应天道自然的自然观，要求人依照天道行事。人的最高追寻是“道”，老子讲“以道莅天下”。而“道”不是凭空设定的，是宇宙由来及其存在的最高依据与自然状态，是生成天下万物自然而然的过程，是“自然”的法度与天地人物必须遵循效法的楷模。中国传统文化讲求“究天人之际，通古今之变”(《史记》)，归结出“天人合一”的普遍原则。“先天而天弗违，后天而奉天时”(《周易·文言传》)，自然万物按照规律动态生成，春生夏长，秋收冬藏，川流不息，人明察事物之理，通晓万物之情状，把握万物的自然规律性，从而效法利用天道自然规律，与自然并行不悖、协同发展。中国历史上大禹治水的根本方法就是因势利导，顺应水性自然趋下之势，疏通河道，使泛滥的河水流归大海，而不是违背水性的“堵”或用人之蛮力与自然抗衡。对待自然如此，对待百姓也是如此，即“因民心性”的思想。孔子讲“因民之所利而利之”，老子讲“圣人无常心，以百姓心为心”，都体现了“因”的方法论，是按照运行着的自然规律与自然万物打交道、相交往的方式。天人合一是“天道”“人道”合一，即天道的规律性与人事的目的性的和合统一，如此人便可以“参天地”“赞化育”，达到“中和”的至高境界了。

“天人合一”还体现了以“仁义”作为最高价值的价值观。仁义具有包容性和无尽的伦理资源，因而以仁义为本性的人也以此为最高价值，“人命关天”即是体现。儒家的“仁民爱物”思想是在“天人合一”宇宙观的视野中来思考的。仁义作为人性的核心成为宇宙的中心，其实质是“己所不欲，勿施于人”，成仁就是要在人性完满后超越人类自身，包容所有生命的状态。人要弘天德、行天道，就是要遵循天性、恭行天道、行“天”的生生之德。一方面，儒家认为人是宇宙之灵长，天地之灵心，“唯人也得其秀而最灵”，受天地之化育，闪耀着其他生物所没有的光辉，赋予人以特殊地位。另一方面，人表现出同情万物、包容万物的精神境界，人以仁义礼智信之“五常德”视天地为父母，体现人的道义与责任。依照儒家的思想，天地间只有人最为珍贵，能够体现天地好生之德，从生生的仁心出发，将自然万物视为道德共同体，护佑其生命，尊重其权利，帮助其发展，成为天地生化万物不可或缺的参赞者，因而体现了人的尊贵与最高价值。人的智慧来源于天道自然，理当顺从、赞助自然，而不是改造、毁灭自然。儒家的“仁爱”具有分亲疏、有等差的递推层次性与可操作性。据《论语·乡党》记载，马厩起火，孔子急切询问是否伤到人，而不问马是否受伤，体现了由亲到疏、由人及物、由近及远的道德阶梯观念。“爱有差等”观念，首先要求修身自得，根据自己的喜怒哀乐与切身感受推至父母家人，其次亲朋、百姓等他人，再次不肆意杀戮鸟兽虫鱼，最后是爱护花草树木、山石田土而无所不至，大爱无疆。宋代“二程”之一的程颢看到老师周敦颐窗前杂草丛生，问老师为何不清除时，周敦颐的回答是：人的生命和草的生命皆有灵通向上的相同性质，都应该得到相应的尊重和保护。儒家这种独特的道德关怀方式和推理逻辑，有利于正确理解和认识“大一统”等家国治理思想。

“天人合一”思想是中国文化的根本理念和文化传统，其“为政以德”“为政以礼”“大一统”的治理观，对于修身、齐家、治理邦国具有重要的指导价值。《礼运》中说的“大道之行也，天下为公；选贤与能，讲信修睦”，即是中国古代治理观的一贯体现。尚贤使能，为政以德；讲信修睦，为政以礼。治理之要旨在于德礼，修身、齐家、治国、平天下皆须立德尊礼。人若无德，就不能依礼而行，就不能自治，进而不能治国理政。而修齐治平，皆以中正道德、仁义礼乐作为基本遵循，故遵之则合法，违之则非法。中国古代以“和合”作为国家治理的主流。中国传统文化的“天人合一”理念认为，人的本性与天地的本性是同一的，人与天地可以相感相通，故可形成互惠关系，人与宇宙通过自然交感而共鸣和合，通过体悟与精神感化，把自我融入自然，这种“相互贴近”的过程，使生生之道贯穿天人关系。正因此，民惟邦本、重义轻利、无为而治、人文化成等治理思想成为中国古代的主流。

古代中国以天下一体的眼光来看待个人、家国与世界，所谓“修身、齐家、治国、平天下”。政治秩序合法化的基础必须是中正道德、仁义礼乐，必须符合人文的精神。中华文明史延续了5000余年，成为世界上唯一绵延不断的文明形态。中华民族由“合”走向“分”，又由“分”走向“合”，体现了“天人合一”思想指导下的“大一统”治理观的绵延。就一人而言，心身一统于德礼；就一家而言，父子、兄弟、夫妇一统于德礼；就一国而言，君、臣、民、物一统于德礼；就天下言，中国、邦国、人事、物理一统于德礼。如若都能达到，则天下大同。

二、天下为公，世界大同

“天下为公，世界大同”，是古代儒家追求的理想社会，是中国古代社会的基本思想底框。这里的“天下”，即全国、全世界。“大同”，是人类最终可达到的理想世界，其基本特征为人人友爱互助，家家安居乐业，没有差异，没有战争。这种“世界大同”的状态与西方的乌托邦、现代共产主义、地球村等思想极为相似。“天下为公，世界大同”是中国的，也是世界的。

大同思想的雏形初具于商和西周时代。禹、汤、文、武、成王、周公之治，历来为儒家所推崇。但是，在夏、商、周时期，同样有桀、纣、厉王和幽王的残暴统治。这一时期，礼崩乐坏，王室衰微，诸侯争霸，大夫兼并，劳动人民在严酷的剥削和压迫下生活于水火之中，最终引发了公元前841年大规模的“国人暴动”。正如《礼运》所说：“今大道既隐，天下为家。各亲其亲，各子其子，货力为己。”在这一背景下，人们怀念人人自食其力、没有剥削和奴役、自由自在的生活，产生了对一个没有阶级矛盾的“大同”社会的憧憬和向往。“硕鼠硕鼠，无食我黍！三岁贯女，莫我肯顾。逝将去女，适彼乐土。乐土乐土，爰得我所。”《诗经》中，劳动者已经把反对剥削、向往平等劳动的大同思想的基本原则勾勒出来。此后，各阶级、各阶层的代言人纷纷著书立说，发表救世主张，论证和设计各自的理想国方案。

道家的社会理想即老子的“小国寡民”社会。在这种小国里，人口稀少，内无争夺，外无战伐，人与人之间和平共处，互无往来，居民完全生活在自己的小天地里，依靠简单而又原始的生产劳作过着无知无欲、幸福、宁静的生活。这是一个人烟稀少、生产力低下、封闭落后的社会。在这个社会里，人们安于现状，不求进取和创新，不使用先进的工具，没有武器兵甲，没有文字，甚至没有交换，“民至老死不相往来”。老子的“小国寡民”，主张使社会倒退到野蛮时代的原始社会去，这在现实生活中是无法实现的。

农家追求“并耕而食”的理想社会。《孟子·滕文公上》记许行的话:“贤者与民并耕而食，饔飧而治。”农家认为，社会生产基本上以自给自足的农业为主，但存在若干独立的手工业，并进行着农业和手工业产品之间的交换，交换按等价原则进行，没有商业欺诈；不存在脑力劳动和体力劳动之间的分工，不存在专业的脑力劳动者，连君主也和人民“并耕而食”。人人劳动，没有剥削，农家的这种理想，反映了农民小生产者的社会诉求。

墨家追求“兼爱”“尚同”的社会。在这个理想社会中，不分亲疏、“爱无差等”(《孟子·滕文公上》)。在墨子看来，天下之乱的根源在于人人“亏人自利”，平治天下就必须使人“兼相爱，交相利”，即“天下兼相爱则治，交相恶则乱”。墨子主张人人劳动，“使各从事其所能”(《墨子·节用中》)，实现“饥者得食，寒者得衣，劳者得息，乱者得治”(《墨子·尚贤下》)。墨家主张“非攻”，大国小国都应平等，不应互相杀戮。他们认为，残酷的战争是社会大乱的根源之一，只有“天下之人皆相爱”，才能出现“太平盛世”。墨子止楚攻宋，就是一例。墨翟提倡的兼爱思想，不是只适用于统治阶级内部，而是主张不分阶级和等级、不分亲疏和国别。这种思想反映了小生产者期盼一个稳定的社会环境，使人们在生产劳动的过程中能够彼此依赖、相互扶持、守望相助。

儒家的大同社会，在《礼记·礼运·大同》中得到了最为明确的表达。“大道之行也，天下为公。选贤与能，讲信修睦。故人不独亲其亲，不独子其子，使老有所终，壮有所用，幼有所长，鳏、寡、孤、独、废疾者皆有所养。男有分，女有归。货恶其弃于地也，不必藏于己；力恶其不出于身也，不必为己。是故谋闭而不兴，盗窃乱贼而不作，故外户而不闭，是谓大同。”这里描绘了一个理想的社会：没有私有制，人人为社会劳动而不是为了自己；老弱病残得到社会的照顾，儿童由社会教养，一切有劳动能力的人都有机会充分发挥自己的才能；没有特权和世袭制，一切担任公职的人员都由民众推选；社会秩序安定，夜不闭户，路不拾遗；对外“讲信修睦”，邻国友好往来，没有战争和国际阴谋。

春秋战国时期的这些大同思想，主要主张包括：一、反对剥削和压迫，这是大同思想最直接的出发点。在道家看来，统治阶级的重税、奴役和奢侈是造成民贫国乱的根本原因。《老子》把统治阶级所推崇的周礼看作社会祸乱的总根源，认为“礼者，忠信之薄而乱之首”。农家的代表人物许行提出了反对“厉民以自养”的口号，表达了劳动人民对剥削阶级的深切痛恨。二、财产公有，这是大同思想最基本的原则。治理好天下的关键就在于“使民无私”。财产公有、天下一家、有衣同穿、有饭同食，这是一幅多么美好的社会画卷。三、人人劳动。墨家提出：“赖其力者生，不赖其力者不生”“贤者与民并耕而食，饔飧而治”，表达了人人参加劳动、不劳动者不得食的强烈愿望。四、平均分配消费品。孔子在听说鲁国的季康子要伐颛臾时说：“丘也闻有国有家者，不患寡而患不均，不患贫而患不安。盖均无贫，和无寡，安无倾。”等贵贱、均贫富的绝对平均主义理念，在中国流传已久。五、合理分工，选贤与能，人尽其才。“官无常贵而民无终贱”，重在“尚贤”。杂家认为，只有贤者才可做君主，贤者大公无私，唯才是举。尧舜为贤者之榜样。“尧有子十人，不与其子而授舜；舜有子九人，不与其子而授禹，至公也。”六、良好的人际关系和社会风气。孔子认为，好的社会要做到“老者安之，朋友信之，少者怀之”（《论语·公冶长》）。墨子则提倡“兼相爱，交相利”。

“天下为公，世界大同”的思想，在历史上产生了深刻影响。秦汉时期，“大同”思想演化为农民战争中提出的“太平”世界思想。陈胜、吴广起义中，提出了“王侯将相宁有种乎”（《史记・陈涉世家》）的思想。农民领袖张角传布的“太平道”道教，堪为“太平”幻想的典范。所谓“太平”，就是“均”等的劳动、平等的享受这一最高法则，表达了对美好社会的一种强烈的空想。东晋诗人陶渊明刻画了一幅与世隔绝的人间乐土——桃花源，这里风景优美，“土地平旷，屋舍俨然，有良田美池桑竹之属。阡陌交通，鸡犬相闻”。人们在田间耕作，“悉如外人。黄发垂髫，并怡然自乐”。嵇康心目中的理想社会是一个“君道自然”的“至德之世”，人们“耕而为食，蚕而为衣，衣食周身”，百姓的生活呈现出一幅安详、和谐的景象。阮籍则描绘了“太初”理想社会，无君无臣，无等级贵贱之分，更不存在现实社会的欺压凌辱、尔虞我诈，安乐自在。唐末王仙芝起义、宋初王小波起义、南宋钟相起义等都提出“均贫富、等贵贱”，就是要废除受田各有等级和直接支配劳动力等封建特权，以消灭贫富不均现象。明清时期，中国封建制社会内部已经出现资本主义萌芽。这一时期的农民战争进一步明确地提出对土地的现实要求，提出“耕者有其田”“不纳税、不交粮”。明末李自成领导的起义，就提出了这样的要求。太平天国农民革命运动中，农民阶级提出了反映农民土地要求的土地纲领，想象出一个“天下一家”“人人不受私”的新世界。太平天国运动中，《天朝田亩制度》提出：“有田同耕，有饭同食，有衣同穿，有钱同使，无处不均匀，无人不饱暖也。”

19 世纪末，康有为写《大同书》，针对产生世间诸苦的九重障碍，提出要破除九界，意思是要打破国家界限，铲除阶级束缚，沟通民族感情，去掉男女界限，消灭家庭痛苦，消除生产不均，取消地方界限，实现人已同权、万物一体、没有痛苦、人人幸福的极乐世界。他还把《公羊》三世之义和《礼运》“大同”思想结合起来，详述了所谓依次递进的“三世说”，即“据乱世——升平世（小康）——太平世（大同）”。康有为的“大同世界”，是一个消灭阶级、消灭剥削、财产公有、人人平等和绝对自由的尽善尽美的社会。在近代中国的民主革命中，孙中山受古代“大同”思想的启迪和西方进步思潮的影响，倡导民生主义，提出了一套改造中国的主观社会主义方案。他认为，“民生主义就是社会主义，又名共产主义，即是大同主义”。他把民生主义归结为两项基本内容，即“平均地权”和“节制资本”，主张发展国家资本主义。所谓“节制资本”，就是“反对少数人占经济之势力，垄断社会之富源”，并试图用所得税的办法来节制资本。这些思想，是对中国古代“大同”思想的进一步发挥。

如今，人类命运共同体的理念正在被越来越多的国家和人民所接受和认可，“天下为公，世界大同”的理念在新时代正焕发出勃勃生机。

三、民惟邦本

中国古代很早就意识到了民众的地位和力量。《尚书》中说：“民惟邦本，本固邦宁。”民本思想，就是将民众视为安邦治国之根本的政治学说，是一种关注、重视人民利益的政治学说。该学说承认并重视百姓在社会经济、政治和道德生活中的地位，反映了广大人民的愿望，具有深刻的人民性。

民本思想，最早可追溯到上古时代的“禅让制”，后来在周朝“敬天保民”的思想中得到了完整的体现，此后儒家传承了这一思想，并成为统治者治国的重要理念。“民”，《说文》中为“众萌也”，意为农作物萌芽。早期民与农业直接关联，是劳动者和生产者，后来则泛指不同领域的生产者，即孟子所指的劳力者，这一群体是被“劳心者”所统治的阶级。在中国传统社会，君是最高统治者，而臣则是由君任命、册封的具有一定权力地位的官员，是实施政治权力的主体。民则处于最底层，属于劳动阶级，主要由农民构成，其中还有一些手工业者、商人及地主等，他们通过自己的劳动创造财富，但是却需要承担沉重的贡赋，不具备参政议政的权利。“本”原意为根据，引申为事物在空间上的基础或时间上的开端，是其他事物存在的不可或缺的条件。民本，就是“以民为本”，就是将人民作为国家的根本。

民本，与神本、君本相对。古人由于无法对客观世界做出正确的解释，所以产生了“神”的观念。根据甲骨文记载，作为最高信仰的宗教符号的“帝”和“天”已经出现在先民早期意识和观念中。殷周之前，神农尝百草、大禹治水等神话传说反映了原始时期部落首领对部落成员所表示出来的本能的责任感。关于三皇五帝的记述也体现了最初的民本思想。

春秋战国时期，社会动荡，礼崩乐坏，在推翻旧政权、建立新政权的过程中，民的力量得到彰显，传统民本思想开始具备较为系统的理论形态。《左传》载：“民，神之主也。”《谷梁传》中说：“民者，君之本也。”《孟子》中说：“民为贵，社稷次之，君为轻。”《荀子》中提出“舟水说”，即“水则载舟，水则覆舟。”民本思想也体现在决策上注重察民情、顺民心。《尚书》中说：“天视自我民视，天听自我民听。”《孟子》中说：“乐民之乐者，民亦乐其乐；忧民之忧者，民亦忧其忧。”《管子》中说：“政之所兴，在顺民心；政之所废，在逆民心。”《吕氏春秋》中说：“失民心而立功名者，未之曾有也。”民本思想主张为政者安民富民。墨子重视爱惜民力，倡议“节用”。孟子指出“黎民不饥不寒，然而不王者，未之有也。”欲使百姓丰衣足食，需“制民之产”。开明的统治者认为要“以百姓心为心”。儒家思想主要提倡实施仁政，如“行仁政而王，莫之能御也。”“民之归仁也，犹水之就下。”这样，神的地位弱化了，民的价值提升了。“君为民设”“民贵君轻”成为君民关系的准则。

汉唐时期，民本思想得到系统的论证并付诸实践。在董仲舒看来，君主代天理，必须行仁政以安民，民则须顺承天意。贾谊认为，民为国之根本，君主在施政过程中要以民为本，做到惠民、爱民和慎刑。这一时期，由于在建立政权之初都经历了前朝因暴政而被推翻的政治现实，所以统治者在治国策略上更加注意采取宽民、爱民、抚民的政策。如秦灭亡后，西汉初期晁错就主张推行“贵粟养民、垦荒减租、入粟拜爵、三十税一”等措施。文景时期，皇帝率先躬耕于农，轻徭薄赋，奖励农桑。汉文帝刘恒先后三次下诏，“赐民田租之半”“赐民租税之半”，直至免除田租。唐太宗李世民经常与大臣们一起探讨历代治乱兴衰的经验和教训，特别是隋亡的教训，得出了“天子者，有道则人推而为主，无道则人弃而不用”（《贞观政要》），“君依于国，国依于民”（《资治通鉴》），“国以人为本”（《贞观政要》）等结论。他主动采纳魏征等人“王道仁政，安人理国”的谏议，并在施政中不违农时、爱惜民力、鼓励垦荒、兴修水利、轻徭薄赋，创造出了“贞观之治”的盛世。

明清时期，资本主义生产方式萌芽，相应地出现了民主思想的萌芽。黄宗羲主张，“天下之治乱，不在一姓之兴亡，而在万民之忧乐”。同时代的唐甄则从人类平等的角度论证了“众为邦本”的观点，甚至激烈指责自秦以来凡为帝王者皆贼也，强调为政者决不可忘民、虐民，必须富民、利民。明末清初思想家王夫之强调“宽庶民”“严吏治”“重民情”，从唯物主义天道观的角度对民本思想进行了论证。在实践中，清统治者入关后，为了巩固新政权的统治，采取了许多安抚措施和与民休息的政策。康熙四十九年（1710 年），江南亏空多至数十万两，有人奏请由俸工抵补，三年可完，康熙考虑到“必至派累百姓”，断不允行。对于几次增加矿税之请，康熙也概不采纳。

总结中国传统民本思想，大体可概括为以下方面：

一、经济上利民富民。中国古代开明政治家重视百姓生活，注重改善民生。明代张居正认为民是国家之本，必须安定百姓，重惜民生。他曾多次上书万历皇帝，要求节财爱民为务，惩豪民、诛贪吏，实行一条鞭法。据《明史·张居正》记载，明朝政府把各州县的田赋、徭役和杂税等合并在一起，以银两作为征缴目标，根据实际亩数进行核算。这一方式有效简化了赋税流程和手续，减轻了农民的税赋负担，对当时的农业发展和商业发展都起到了积极的推动作用。

二、政治上顺民得民。强调国家之根本在于民众，君主须为民众服务，以万民之忧乐为治理标准。儒家学说对统治者的治国方式进行指导，对违背民意的思想行为进行制约，赢得民心，实现国家稳定治理、平稳发展。

三、文化上教民养民。传统民本思想体现出明显的教化思想，比如提倡爱国主义、倡导仁爱忠恕、宣传积极乐观的人生态度等，还蕴含了多样性的教育方法。《论语·卫灵公》中，孔子提出“有教无类”的思想，认为人人都该享有受教育的机会。孔子总是根据弟子的性格特点和能力，对每个人采用不同的教育策略，做到因材施教。除此之外，这种教化过程还十分重视“慎独”“自省”“改过”的个人修养方法。

四、官员要忧民为民。贾谊总结秦亡教训，强调爱民，须施仁义、行仁政。国君可以改换政策和官吏，但不能改换人民，因为“民者万世之本也，不可欺”。苏轼在《荔枝叹》中写道：“雨顺风调百谷登，民不饥寒为上瑞。”苏轼在徐州防洪和杭州赈灾、治疫、兴修水利等政绩深得百姓拥护。王夫之认为繁重的赋税徭役是百姓生活贫苦的根源，主张“宽以养民”，从经济上减轻百姓的负担，在此基础上他提出：“人君爱养斯民之道有三：一曰制恒产，二曰裕民力，三曰修荒政。”郑板桥在范县、潍县当了12年县令，十分关心百姓疾苦，“衙斋卧听萧萧竹，疑是民间疾苦声”。他听到风吹竹林的声音，就想到黎民百姓的疾苦，时常深入农村、集市，访贫察幽。在任县令期间，他积极采取轻徭薄赋、讼简刑轻、与民休息等措施，使百姓安居乐业。

五、制度要“慎刑”“恤民”。古代出台的一些法律制度一定程度上体现了民本思想。在司法制度上，以“慎刑”为代表。《周礼》记载了审理的“五听”制度，“以五声听狱讼，求民情”是关于慎刑最早的记载。唐代《断狱律》也规定“诸断罪皆须具引律、令、格、式正文，违者笞三十”。《尚书》中说“惟刑之恤哉”，恤刑体现的是恤民。另外，诸如录囚制度、直诉制度、死刑复奏制度、朝审制度、秋审制度等都体现了“慎刑”“恤民”思想。

中国传统民本思想，是中国古代文化的精华，对中国政治和经济社会发展影响深远。民本思想所包含的诸多内容不仅推动着国家的富强，同时还有利于社会和谐稳定。这些思想，也成为中国共产党的群众路线的重要思想，“为人民服务”“以人民为中心”等治国理政理念莫不与此相关。

四、仁者爱人

“仁”，是亲和的意思，指人和人之间互相亲爱。孔子的思想核心是“仁者，爱人”。“仁”是人的道德修养的最高境界，其主导思想是肯定人的地位，主张人和人之间应该互相尊重、互助和友善，把“仁”作为理想人格，作为处理好各种复杂人际关系的总则，以寻求社会的和谐安定。“仁政”作为一种儒家治国思想，是指宽厚待民、施以恩惠、争取民心的政治方略，或者是以怜恤、同情、爱护他人的心情处理国事民生，实行仁慈统治的理念。

孔子提出仁政思想与他生活的年代密切相关。他生于动乱忧患的时代，向往周代的礼治体统。他为挽救人心世风而游说诸侯王室，渴望诸侯王公重视仁道、“克己复礼”、放弃霸道，实行以“仁”为核心的王道之治。孟子继起发挥孔子的这种仁学王道思想，提出“仁义礼智”四端及“性善”之说。孟子既重视血缘人伦关系，又强调人道和个体人格，加之他倡导的“民贵君轻”的民本思想，遂形成儒家的“仁政”体系。在他们看来，“仁”亦即群体和谐，是统治者治国安邦的总目标，以“礼”以及等级制度作为实现这一总目标的方法，形成了统治者施政的宗旨——重礼义，行仁政。统治者若想寻求社会的安定和谐，必须倡导并实行仁政。若要治国安民，就得爱惜民力，实行仁政和贤人政治。

以孔子为代表的儒家以“仁”为核心，将自然主义、人本主义与伦理主义融合，以“中庸之道”“天人合一”“知行合一”实现了天、地、人的和谐统一。“仁”是孔子理想人格和解决人际关系的最高目标。他认为，人们只要按照“仁”的要求办事，就会实现“天下有道”的社会理想。“仁者爱人”，即“爱人”为“仁”，利用统治者的亲亲行为，引导民众养成“仁”的品德；“孝悌也者，其为仁之本欤”（《论语·学而》），主张以家庭和睦为基础，来实现社会的和谐稳定；“克己复礼为仁，一日克己复礼，天下归仁焉”（《论语·颜渊》），主张以等级制度——“礼”规范人们的行为，以实现“仁”的目标。孔子还提出了实现这一目标的方法，即“中庸”思想。他说：“执其两端，用其中于民。”也就是说，把握事物矛盾的对立面，取其“中道”，把事情做到适度。

孟子以“心”释“仁”，把“仁”的原则运用到政治领域，形成了

“仁政”主张。仁政的理论基础是仁。孟子认为“仁，人心也”，并由此断言：“先王有不忍人之心，斯有不忍人之政矣。以不忍人之心，行不忍人之政，治天下可运之掌上”（《孟子·公孙丑上》）。行仁政也就是从“不忍”达于“所忍”的过程，亦即扩充仁心、“推己及人”的过程，“老吾老以及人之老，幼吾幼以及人之幼”（《孟子·梁惠王上》），从“亲亲”到“仁民”。

孟子的仁政学说是一种“王天下”的主张，以仁政来“王天下”的道路即是“王道”。“王道”与“霸道”有别，仁政与暴政对立。孟子认为行仁政、施“王道”要发自内心，要像帝舜那样，察人伦、行仁义。在孟子看来，“王”“霸”的区别在于前者靠“德”，后者靠“力”。孟子的仁政思想是一种道德理想主义的政治理论，其能否实现的关键在于施政者有无“仁心”，愿不愿以“推恩”来行仁政。孟子所主张的仁政还要求，君主使民，“仰足以事父母，俯足以蓄妻子”“乐岁终身饱，凶年免于死亡”（《孟子·梁惠王上》）。这些措施都是孟子在“制民之产”的思想指导下所设想的仁政的具体内容和“王道之始”。孟子的仁政思想被后世儒家所推崇，成为儒家传统政治思想中的主流。

概括起来，仁政思想的内涵包括：

一、性善论。这是仁政思想的哲学依据。孟子认为，人天生具有“四心”：恻隐之心、羞恶之心、辞让之心和是非之心。四心的道德表现是“四德”：仁、义、礼、智。孟子认为，人天生就有善心与德性，所谓“四心”与“四德”是先天就有的，没有任何世俗的或功利的缘由。这是一种天生就有的同情心和悲悯之心。只是由于种种原因，人们失去了善心与德性，表现出种种不道德的行为，甚会祸乱人间。为此孟子提出要“求放心”。他说：“仁，人心也；义，人路也。”“放心”就是人们逃逸或流失掉的固有善心，“求放心”则是通过道德修习，将本来既有却逃逸流失的善心寻找回来，如同圈养的家畜跑走了要找回来一样。“尽心、知性、知天”就是通过自我审视和反省，使自己的思虑和行为符合儒家向往的道德规范，达成一种道德自律与自觉的状态。孟子的心性学说为其政治主张奠定了理论基础。

二、“大同”理想。孔子思想源本于“仁”。他希望一个国家能做到“均无贫、和无寡、安无倾”（《论语·季氏篇》）的境界。孔子一生奔走于专制王朝与诸侯之间，渴望能说服他们走向仁政之道，建设一个“天下为公”的理想社会。他以“天下为公”之道，反对当时“家天下”的政治统治。

三、重德治，尚礼义。孔子重德治，他认为社会的治乱，全系于德治的实施，只靠法律与刑政是不够的。对此，孟子肯定地说：“仁者无敌”（《孟子·梁惠王上》）。孔子、孟子除重德治外，也特别崇尚礼义，以防止当时刑政的滥用而借以维护社会秩序与人性的尊严。孔子所倡导的“礼”，是合于仁德之“礼”，也就是合乎忠恕之道的外在行为规范。孔子的正名思想，就是他这种仁礼的说明与体现。他主张正名分，要求“君仁”，上级首长要有首长应有的宽厚仁德；“臣忠”，下属人员要有下属应有的忠贞职守；“父慈”，为父者要有为父应有的慈祥和爱；“子孝”，子女要有子女应有的孝敬顺从。如果这些人际关系能够名实一致，名分合理，社会便自然安定和睦、争讼不兴，刑政罪罚也就因而停止无用了。孟子推崇“义”，也是在杜绝当时那些“好利”之徒为贪财争地而残杀无辜的暴政。这都是针对当时的社会弊端而提出的救世之道。

四、举贤能。孔子认为仁政的实践，全赖“取人”。取人的适当与否，决定国家命运的存亡，所以“选贤举能”为“天下为公”的首要条件。他的弟子仲弓做了官，向他问政，他说：“先有司，赦小过，举贤才。”仲弓又问他：“焉知贤才而举之？”他说：“举尔所知。尔所不知，人其舍诸？”（《子路》）可见他对贤才的重视。孔子不满意当时贵族世袭的官宦制度，他主张“学而优则仕”，选用官吏一定取用学养优秀之士。孟子也说：“尊贤使能，俊杰在位，则天下之士，皆悦而愿立于其朝矣”（《公孙丑上》）。这些都说明“选贤能”是实施“仁政”中最重要的环节。

五、重教化。孔子到卫国时与冉有对话。子曰：“庶矣哉！”冉有曰：“既庶矣，又何加焉？”曰：“富之。”曰：“既富矣，又何加焉？”曰：“教之。”（《子路》）孔子认为一个人口众多的国家，最重要的政务是使他们富裕起来，并且教育他们。他奔走于诸侯之间，不被重用，未能实现他的“富之”之道。但他对“教之”方面却有着相当完善的思想体系。他把教育、道德与政治三者融合在一起，透过教化，培养仁德，进而实现他的仁政理想。他首先打破古代“学在官府”的传统习俗，创办“有教无类”的私人学校，主张“因材施教”的教育方法。其目的即是培育人才，造就具有忠恕仁德的“士”及“君子”，以实践他的仁政大道。他认为君子应“修己以安人”，充分说明了他重视教育的最终目的。孟子继承孔子的教育思想，也把兴学施教作为实施“仁政”的重要步骤。

六、制产惠民。“制民之产”及惠民政策也是儒家仁政的主要内容。孔子劝告从政者说：“道千乘之国，敬事而信，节用而爱人，使民以时。”孟子在仁政经济方面，提出“制民之产”的主张，又进一步提出具体的农业经济政策。

七、中庸之道。孔子最重视具有仁德的君子，他以中庸之道来区分君子与小人。他说：“君子中庸，小人反中庸。君子之中庸也，君子而时中。”他认为君子能行中庸，是因为君子能“时中”，能随时而处其中，无过之，也无不及，也就是宋儒朱熹所说的“中无定体，随时而在”（《中庸章句》）的道理。求“时中”，就是要因时、因地、因事、因人而变，以求恰到好处，至善至美。守“中和”，就是要不偏不倚，宽猛适度，避免过和不及。

儒家的“仁政”思想是一个完整的体系，把自然、社会与人，把主体与客体看成是不可分割的大系统，引导人们追求一种“大道之行，天下为公”“天下如一家，国家如一人”的和谐、统一、安定的社会环境，并要人们在承认矛盾的基础上，用“仁”的理想、用“中庸”的方法去处理矛盾、解决矛盾，提倡人与人之间的相处要相互支持、关心、亲善，相互克制、谅解，以达到互惠互利的目的。在古代社会，“仁政”主张具有较好的社会基础和一定的合理成分，成为中华民族待人处事、协调关系、维系社会稳定的一种治理模式。

五、尚贤使能

周朝是中国奴隶社会的最后一个朝代。周室政权在井田制和分封制的基础上，建立了以血缘关系为纽带的世卿世禄的政治制度。该制度规定，天子诸侯、士卿大夫的爵位和财产均由嫡长子世袭。嫡长子是否贤能决定了政治的走向。很多无贤德的贵族集团腐朽没落，出现了“陪臣执国命”“礼乐征伐自诸侯出”的混乱局面。孔子针对这种“礼崩乐坏”的现实情形，提出了“政在选贤”的思想。

战国时期，新兴的地主阶级登上历史舞台，提出“尊贤使能，俊杰在位”的主张。荀子把能否举贤任能作为国家能否强盛的先决条件。韩非子继承了荀子尊圣贵贤的思想，主张选才不分贵贱尊卑，只要对国家和百姓有用，无论出身高低，都应当受到重用。“管夷吾举于士，孙叔敖举于海，百里奚举于市”。据历史记载，吴起、西门豹、苏秦、张仪、廉颇、蔺相如等都是“布衣将相”。

从历史上看，德才兼备的人得以重用，对家国兴盛有至关重要的意义。春秋时期，大小诸侯国有 140 多个，到后来只有齐、楚、燕、韩、赵、魏、秦 7 个国家得以发展壮大，这和这些国家的君主尊贤尚能有很大的关系。燕昭王即位后，拜辅臣为师，并且构筑招贤台，很多仁人志士纷纷前来，自此燕国成为战国七雄之一。齐桓公在国都临淄的稷门附近设立学宫（史称稷下学宫），广揽天下名师。稷下学宫既繁荣了学术研究，更发挥了智囊团的作用，成为一个政治咨询中心，对于齐国大治起到了积极的促进作用。齐桓公还在即位后，任用之前曾经伤害过自己的管仲为相。管仲任职后，对内实行改革，对外制定“尊王攘夷”的方针和“存邢救卫”的策略，帮助齐国成为春秋第一个称霸的国家。在战国时期，招贤养士风气极盛，平原君、孟尝君各有宾客千人，信陵君、吕不韦各有宾客 3000 人，著名将相廉颇、蔺相如起先就是宾客出身。秦国在西周时期曾经是弱小的游牧部落，但是由于历代国君重视人才的选用，国家逐步强盛起来，秦穆公起用百里奚称霸诸侯，秦孝公采用商鞅变法，秦王嬴政重用李斯、王翦、蒙武、王贲、李信等能臣干将，最终一统中国。

中国古代的尚贤使能思想大体有五个方面：

一是君子修为的为政之道。儒家强调修身，要求加强自身修养。孔子要求从政者的言行举止要以“礼”作为标准，“非礼勿视，非礼勿听，非礼勿言，非礼勿动”（《论语・颜渊》）；孟子提出：“养心莫善于寡欲”（《孟子・尽心下》）；墨子提倡节用，“俭节则昌，淫佚则亡”（《墨子・辞过》）。《左传》云：“国家之败，由官邪也；官之失德，宠赂彰也。”德是选官的首要原则。在儒家看来，修身的目的就是为了让为政者养成少思寡欲、不贪婪、不苟取的品格，从而奉公守法、勤于政事、爱民恤民。

二是民生取向的为政之道。儒家强调“民惟邦本”“政在得民”。孟子提出，“乐民之乐者，民亦乐其乐；忧民之忧者，民亦忧其忧。乐以天下，忧以天下，然而不王者，未之有也”（《孟子·梁惠王下》）。荀子则提出，“君者，舟也；民者，水也。水则载舟，水则覆舟”（《荀子·哀公》），阐释了“政之所兴，在顺民心；政之所废，在逆民心”（《管子·牧民》）的深刻道理。

三是公正无私的为政之道。三皇五帝时代实行禅让制，尧受禅于帝挚，复禅于舜，舜禅于禹。禅让帝王都是由庶民推选，试用合格后方能任职。帝王所任用的诸侯、士大夫也都是圣贤君子。帝王时代的天子不以私心参与政事的美德受到广泛的认可。古代中国实行君主制，客观上要求为君者不可有私心，以民心为心。故必正心修身，以明明德。身修德明，而后无私，“巍巍乎，舜禹之有天下也，而不与焉”（《论语·泰伯篇》）。舜、禹有人君之位而不以私心参与其中，可见其能以民心为心。以民心为心，即以公心为政，也只有以公心为政，才可以称“为政以德”。孔子提出：“为政以德，譬如北辰，居其所而众星拱之。”（《论语·为政》）他认为用“仁德”来治理国政，自己就会像北极星一样，在一定的位置上，别的星辰都环绕他，拥戴他。孔子进而说：“道之以德，齐之以礼，有耻且格。”（《论语·为政》）人民有知耻之心，从而自觉从善，洁身自守。“为政以德”“为政以礼”，是中国古代政治的一贯要求，也是制度规定。古代中国对公职人员的基本要求，即必备公心，必明明德，必须亲民而以民为邦本。

四是厉行廉洁的为政之道。战国时期楚国诗人屈原在《楚辞·招魂》中咏唱道：“朕幼清以廉洁兮，身服义而未沬”，展现了他“廉”的崇尚与追求。《周礼·天官冢宰》载：“以听官府之六计，弊群吏之治：一曰廉善，二曰廉能，三曰廉敬，四曰廉正，五曰廉法，六曰廉辨。”所谓“廉善”，指为官之人善于处理政事，并受到公众的广泛赞誉；“廉能”，指因政治素质高，国家政令得以顺利推行；“廉敬”，指忠于职守，爱岗敬业，在其位谋其政；“廉正”，指品行端正，行事公正；“廉法”，指依法办事，不徇私枉法；“廉辨”，指善于明辨是非曲直。简言之，一个官员需要具备廉洁、才干、敬业、公正、守法、明辨是非等品格。“六廉”以廉字为先，要求官吏不苟取，公正有效地行使权力。墨子提出君子之道有“四行”，“君子之道也，贫则见廉，富则见义，生则见爱，死则见哀。四行者，不可虚假，反之身者也”（《墨子·修身》），将“廉”列在首位。《吕氏春秋》作为战国末期杂家的代表作，专辟“忠廉”与“诚廉”篇论述廉政，认为“吏不廉平则治道衰”（《汉书》）。唐代考核官吏的标准主要是“四善”和“二十七最”，“四善”指的是“德义有闻”“清慎明著”“公平可称”“恪勤匪懈”，即关于德、慎、公、勤四个方面的考核。宋代包拯在给仁宗的奏疏《乞不用赃吏》中说“廉者，民之表也；贪者，民之贼也”，指出了廉政的重要性。包拯在端州出任知州，官场清廉，造福一方民众，临近离任，有当地父老持砚台相送，他婉言谢绝，“不持一砚归”。明代海瑞在南京为官，与乡民交往甚好，去世后，“小民罢市，丧出江上，白衣冠送者夹岸，酹而哭者百里不绝”，共同送行这位为百姓办实事的清官。

五是勤政为民的为政之道。勤政是传统政治制度的礼法规定，也是治好民众公事的现实需要。中国古代政治主要是道德君主负责制，主权与政权在全体民众，治权则在官府朝廷暨天子、诸侯及文武百官，天子对天下负责，诸侯对天子及本国国民负责，文武百官各对其君主与封地民众负责。故天子担负最高责任，需要谨慎为政，详察民意，不敢稍有疏忽，不能怠慢黎民百姓。官府考绩，每年一小考，三年一大考，三考决定黜陟。治理好国家则民众称颂，治理不好则被罢免。因此，君主、百官都不敢妄为。君主一旦有过失，大臣就要依照职责讽谏。《孝经》云：“故当不义，则子不可以不争于父，臣不可以不争于君。”正是因为禅让时代的制度优势，夏商周三朝各有数百年的文明历程。秦始皇武力兼并各国之后，施行郡县制，建立起以明儒暗法为指导思想的中央集权制度及官僚政治集团，此后各个朝代加以效仿。各朝代的官员担负着对庞大帝国繁杂事务的管理责任，包括兴修水利、兴办教育、户籍管理、司法审判、维护治安等，为完成征税、征兵、劳役等事务，该政治集团工作效率的高低、清廉与否直接关乎统治秩序的稳定。由此，在传统官德文化中，勤政被认为是从政的基本要求。在中国古代官僚政治提倡的各种美德之中，勤政是官员所需具备的首要美德，有益于弥补秦朝以来君主专制本身的不足，调节与平衡政治系统的正常运行。

中国古代从世袭制到察举制再到科举制，逐步打破了豪门对于政治权力的垄断，使社会各阶层人员的流动变得畅通，对后世产生了重要影响。

六、无为而治

“无为而治”出自《道德经》。《道德经》认为，“道”是无为的，但“道”有规律，以规律约束宇宙间万事万物运行，万事万物均遵循规律。引申到治国，“无为而治”即循道而治，遵循客观规律而为，不过多地干预，不妄作为。

中华文化中“无为而治”的治理理念由来已久，早在“五帝”时期，就有无为而治的传统。《周易·系辞传》称“黄帝、尧、舜垂衣裳而天下治”，以“衣”在上者象天，以“裳”在下者象地，取象“乾坤”阴阳和合的意思。垂文“衣裳”，示天下以礼，用以称颂帝王无为而治的德行。《易经》第二十五卦“无妄卦”卦辞云：“无妄之灾，或系之牛，行人之得，邑人之灾”，意思大致是：有乡人在路旁拴了一头牛，不料被路人牵走了，而村里的人却被怀疑为偷牛的人了，这是乡人的“无妄之灾”。而“无妄之疾，勿药有喜”讲的是：意想不到的疾病，没有用药就自然康复了，是为“无妄”之喜。两相对应，形象地隐喻了“无妄”的本真含义。无为，实质上指的是“无妄为”，就是不把政治看作是实现人类社会自由幸福和评判德行高低的目的，而只把政治看作是辅助性的用于解决社会问题的手段。

老庄学派发展了无为而治的思想。道家讲求“无为”，但不是无所作为的“无为”，而是不悖逆自然与人类本性的“无为”，是在顺应自然与人类本性的前提下，有所作为。自然法则，即“道”，是天地万物的本原，人以其灵秀之气效法天地，不强加给自然万物的“无为”，符合自然而然的自然的本性。同时，人以对自然规律的把握创造人类的美好生活，以“无不为”实现人类的生存与发展。在古圣贤对天道自然深刻体悟的基础上，道家以一种平和的心态面对天（自然）、地、人、物这四者的关系，闪耀着古代先贤智慧的光芒。

老子以“无为”作为旨趣，论述了大有作为的治国之道和治理方略。老子讲“人法地，地法天，天法道，道法自然。”（《道德经》）其中所说的“自然”便是“无为而治”下的理想状态，即让世间万物各遂其本性，自然而然地、充满活力地生存与发展。老子认为，圣人的政治就是要效法“地”“天”“道”，给予百姓足够的自由空间。圣人之“德”就是要“无为而无不为”，“无不为”正是通过百姓的“自然”得以实现。假如统治者无为则百姓自我育化，统治者好静则百姓自我端正，统治者不无端生事则百姓自我富足，统治者消除贪欲、归于宁静则百姓自然淳朴，天下的人将自发安定。政治的最大成功是引导、帮助百姓自己建功立业，圣人所起的作用只是激发起百姓的主动性与创造性，将影响力化于无形，让百姓做自己的主人，自发、自愿、自觉地建功立业。

庄子继承并进一步阐发了“无为而治”的思想，他在《天道》篇中讲，天地和道德是帝王治理国家的依据，无为而治是帝王治国的惯常原则。帝王的德行与天地相合，须无为方能役用天下。庄子认为，君主的“无为”和臣下的“有为”是相辅相成的，君主在多大程度上无为，意味着百姓在多大程度上能够“自然”地生存与发展。君主只是在辅助百姓自然发展。庄子还提出了“君无为而臣有为”的主张，既贯彻了道家无为而治的政治理念，又以臣的“有为”作为补充，对于在实践层面上解决“有为”和“无为”的悖论提出新的创见。

老庄后学进一步阐发了“无为而治”思想，大致包括以下要点：其一，君无为而臣治理，这是对庄子“君无为而臣有为”的思想的进一步发展。其二，不为烦苛之政，认为厚敛、重刑、黩武，均是苛政病民的重要表现。老庄后学认为，“治大国如烹小鲜”，功成而不居，无所为而为之，天下才会安定。其三，放任万物自由发展。老子提倡的“自然”，是人类最低生活限度的自然，老庄后学认为“五色”“五音”“五味”都不可取，需要“圣人之治，虚其心，实其腹，弱其志，强其骨”(《老子·第三章》)。

从天地自然的角度来看，无为便是无妄为，但无妄为不是说不作为，实指不违背“道”的作为。不违道即顺道，顺自然之道，顺天地正道，是不悖逆自然与人类本性而为，是在顺应自然与人类本性的前提下，有所作为，即“无为而无不为”。“道”是中国传统文化中最基本和最高的概念范畴，无处不在，无所不能。自然生成万物，强调天道自然无为。中国传统文化讲求“究天人之际，通古今之变”，其结果是归结出“天人合一”的普遍原则，要求顺从自然，按照自然的客观规律行事，与自然并行不悖、协同发展。《庄子·知北游》有言：“天地有大美而不言，四时有明法而不议，万物有成理而不说。”就是说，“大美”“明法”“成理”存在于“天地”造化之中，与“道”相通；而“不言”“不议”“不说”，即是“无为”，亦即顺应自然，“道法自然”“无为而无不为”恰恰就是讲自然而然所达到的状态。“无为”的精神在自然中如此，在国家治理中也是如此。《论语》讲，“巍巍乎，舜禹之有天下也，而不与焉”，在这里，“不与”是指舜和禹当年选贤与能，不以私心参与政治，而以百姓之心为心，无为而大治的“无为”治理思想。《淮南子》更为细致地阐明了无为的思想：“无为”不是无所作为，而是要顺物之性，不做不合时宜的措施；“无为而治”，也不是不治理，而是不改变事物自然而然的本性，顺其自然而治理。

进而言之，在国家治理上，“无为”就是以公心来处理公事。中国传统文化认为，以公心诚意办理公事，不以私心参与到公事之中，公事自然就会得到很好的安排。公心，是人类的良心，天下的本心，圣贤的仁心。以公心办理公事，就是“无为”，即无妄为。君主以公心选任贤能，大臣以公心面对民众，这样的政府才具有合法性，才能有合法的政治。

柳宗元写过一篇寓言体政论散文《种树郭橐驼传》，形象地阐释了执政者少发政令、百姓自我发展的道理。文章讲的是长安城西的丰乐乡，有一位以种树为业的驼背老者，他种植或移植的树木没有不成活的，而且高大茂盛，于是长安城的富豪争相雇请他来种植观赏的树。有人向他请教成功的秘密，他答道：“树之所以长得好，不过是顺着树木的天性而自由发挥罢了。树种稳固后，就不再理会树木，任其自然成长。种不好树木的人，恰是因为种树后，因爱护而太殷勤，早上去看看，晚上去摸摸，摇动树木以核实是否稳固，这样反而伤害了树木的天性，结果是‘虽曰爱之，其实害之；虽曰忧之，其实仇之’。”又有人问他是不是可以把种树的道理移用到官吏治理百姓上，他的回答就更耐人寻味：“我只知道种树，不明晓做官。但是我曾经在乡下看到当官的喜欢发布很多政令，好像是爱护百姓，实则是给他们带来了灾难。一天到晚，衙役来呼喊，催促耕耘，勉励种植，督促收获，及早缫丝织布，养育好小孩，饲养好鸡豚。百姓一天到晚慰劳这些衙役，感到困苦和劳累，哪里还有工夫来增加生产、安定生活呢？”这则故事形象地告诉我们：顺应百姓天性，无为而治方能实现“大治”的深刻道理。

中国历史上，还有很多关于“无为而治”的故事。周武王灭商后“刀枪入库，马放南山”就是其中一个著名的故事。公元前1046年，周武王讨伐残忍无道、荒淫无度的商纣王，周军大获全胜。据记载，商纣灭亡后，周武王把兵器收缴入库，在华山脚下放马晒太阳，在果木林里放牛唱牧歌，实行无为而治、与民休息的治国方针。周朝开仓放粮，减免苛捐杂税，百姓安居乐业，一片和平盛世的景象。与此相似，汉初曹参为相时也采用了“无为而治”的治理理念，不妄自造作，与民休息，及至文景之治，呈现盛世景象。汉初，民生凋敝，亟待恢复。高祖刘邦实行轻徭薄赋政策，并为其后的统治者树立了典范。汉高祖六年（公元前201年），曹参出任齐国相，他深谙“治道贵清静而民自定”的道理，经过9年“无为而治”的实践，齐国大治。汉惠帝二年（公元前193年），曹参继任萧何为相国，躬行黄老政治的治国理念，官不扰民，民自宁静，百姓得以休养生息。到文景两代皇帝，偃武修文，政尚节俭，轻刑薄罚，德以化民，既不大兴土木工程，也不进行大规模的军事行动，百姓几无徭役之苦。正是由于实施了无为而治的政策，社会各个方面都得到发展，出现了“文景之治”的太平盛世。

古老的“无为而治”所蕴含的何为“有所为”、何为“有所不为”的道理，至今仍然不无启发。

七、重义轻利

中国文化传统中秉持“义利之辨，义重于利”的价值取向。重义轻利是儒家文化的一贯精神。《中庸》讲“义者宜也”，把“义”看作是仁德的施行，是人类行为是否符合正道与正德的标尺。《周易·乾卦·文言》云：“利者，义之和也。”利，可分为物质之利和精神之利，一般指的是现实的物质利益。

对于“义”与“利”的关系，儒家主张把道义放在功利之上，并以此为最高价值标准。孔孟的“重义轻利”说，荀子的“先义后利”说，董仲舒的“正其谊不谋其利”说，程朱的“贵义贱利”说，王夫之的“以义为利”说等，其共同特点是：推崇和强调本性良心、道义公益的重要性，反对不仁不义、损人利己的个人私利。

孔子生活在新旧秩序剧烈转换、社会各阶层在道德意识与物资财货关系上分化加剧的时代，于是孔子重新提出“仁”的道德范畴，意在使“民有耻且格”，从而指导人们对义利关系进行取舍。孔子讲“君子喻于义，小人喻于利”（《论语·里仁》），对于君子与小人的目标取向作了区分，实质就是以合义的道德作为标准来区分君子与小人。“君子”是弘扬仁义道德的模范，是修身成德之名；而“小人”是不仁不义之人，是违背仁义道德的规范以贪求富贵私利的邪恶之人。以此作为尺度，当子路问到君子是否“尚勇”的时候，孔子的回答是“君子义以为上。君子有勇而无义为乱，小人有勇而无义为盗”（《论语·阳货》）。这里的“上”是崇尚之意，“上义”也就是重义。孔子把行“义”作为判别行为是否恰当的尺度和准绳。

“义”在《论语》中出现 24 次，主要是作“应当”“正当”之意来运用，例如“不义而富且贵，于我如浮云”（《论语·述而》）。历史上有两则故事：一个是讲鲁昭公十四年（公元前 528 年），叔向“治国制刑，不隐于亲，三数叔鱼之恶，不为末减”。意思是说，叔向治理国家，制定刑法，不隐匿其亲人，三次指出叔鱼的罪恶，不因为是自己的亲人而减轻处罚。对此，孔子评价说：“义也夫，可谓直矣”，对于这种合于道义的行为大加褒奖，把叔向看作是正直的人。另一则故事，鲁昭公二十八年（公元前514年），魏献子在晋国为政，以贤能举徐吾、赵超、韩固、魏戊四人，以功起用叔向。孔子知道了魏子的举动，评价说：“近不失亲，远不失举，可谓义矣”，意思是魏献子待其近者不埋没与自己亲近而有贤德的人，待其远者不埋没受人举荐而有贤德的人，这可以称得上是符合道义了。在这两则故事中，孔子明确把“义”作为判别行为是否恰当的标准。行为是否合于“君子”，不是先天的禀赋，而是后天的养成。

“义”不仅体现在个人行为上，还体现在国家行为上，“国不以利为利，以义为利也”（《大学》）。孔子提倡“君子喻于义”，就是要推动社会各阶层从修身开始，在日常生活中能遵“仁”行“义”，而不被狭隘的私利所诱惑。对于朝中君臣等公职人员，孔子坚决反对管仲、季氏“僭礼”而行的不义做法，提出要“使民以时”“因民之所利而利之”，主张要充分考虑到民众的实际利益。《论语·颜渊》中记载：“子贡问政。子曰：‘足食，足兵，民信之矣。’子贡曰：‘必不得已而去，于斯三者何先？’曰：‘去兵。’子贡曰：‘必不得已而去，于斯二者何先？’曰：‘去食。自古皆有死，民无信不立。’”在这里，孔子将“民信”放在了“足食”“足兵”之上，要求统治者能守“信义”而顾及民生。

孟子继承了孔子的思想。孟子所处时代，诸侯交相攻伐，上下交相争利，社会关系混乱不堪。针对时代的弊病，孟子进一步将义利关系揭示为“舍生而取义”，即“鱼，我所欲也；熊掌，亦我所欲也。二者不可得兼，舍鱼而取熊掌者也。生，亦我所欲也；义，亦我所欲也。二者不可行兼，舍生而取义者也”（《孟子·告子上》）。当生与义二者发生矛盾、不可兼得的时候，人应毫无疑问地选择“义”。

孟子认为“义”来源于人的良心本性，孟子云：“恻隐之心，人皆有之”(《孟子·告子上》)，“今人乍见孺子将入于井，皆有怵惕恻隐之心”《孟子·公孙丑章句上》。这时的“恻隐之心”不是出于任何功利的目的，既非为了结交孩子的父母，也非为了获得一个好名声，这种超功利、超理智的本能的道德情感的发动，表现在个人行为上，就是义。

孟子所说的“恻隐之心”与“羞恶之心”“辞让之心”“是非之心”一起构成了人之四端，即人的良心或本心。进而孟子将“为利”还是“为义”作为区别小人与君子的价值判断和取舍去留的评判标准。他对伊尹协助商汤取得天下的做法很是赞赏，认为伊尹是以道义作为取舍原则的，只要是合道义，则应该“义”不容辞，即所谓的“取之有义”。对于如何达到“义”的标准，孟子认为，人只有通过自觉的修身养性的“求”才能达到“义”，人要找回“恻隐之心”“羞恶之心”“辞让之心”“是非之心”这四种人世间最为可贵的品质，才能求得“义”、符合“义”。

荀子提出了公义的观念，明确提出了“先义后利”“以义制利”的命题。荀子云：“义与利者，人之所两有也。虽尧、舜不能去民之欲利，然而能使其欲利不克其好义也。虽桀、纣亦不能去民之好义，然而能使其好义不胜其欲利也。”(《荀子·大略》)荀子认为，“义”与“利”是人们兼有的东西，即便是尧、舜这样的贤君也不能去除人们追求私利的欲望，但是能够使他们对私利的追求敌不过他们对道义的爱好；即便是夏桀、商纣这样的暴君也不能去除人们对道义的爱好，但是能够使他们对道义的爱好敌不过他们对私利的追求。所以道义胜过私利的就是治理得好的社会，私利胜过道义的就是混乱的社会。虽说义利同时并存，但义利之间存在着何者为先、何者为主导的问题。只有“以义制利”，使人人向善的方向发展，才能保证国家和社会的稳定，从而使整个社会各行各业都能得到真正的安定。荀子反对先利后义，把义作为人之所以为人的本质属性，强调了“义”作为区分人与动物的根本点。

秦汉以来，董仲舒承接孔孟思想，进一步强化了重义轻利的观点。董仲舒提出“正其谊不谋其利，明其道不计其功”（《汉书·董仲舒传》），在人类行为上要求端正行为与目的的正义性，而不谋求功利，把义放在首位，首要考虑的是行为及目的是否适宜正当。人若有义，即使物质贫乏也能在精神上自得其乐，而若无义，即便富贵也不能持久生存。因此，人应当尚义轻利，以天下公义为先。义利关系不仅涉及公利与私利的关系，而且蕴含着人的本性良心与物质精神生活需求的关系。董仲舒认为合乎道义的利，并不与义相违背，实同于义，故宜名为义，而不必曰利。若不为论辩，则不必称利。

宋明时期，义利关系已经探求得比较清晰。邵雍将重义轻利上升到天下治乱的高度来看待。张载认为人之处事，义实为第一原则，至于生死则置之度外。“二程”特别重视义利之辩，认为“天下之事，惟义利而已”（《河南程氏遗书》卷十一），在处理义利关系问题上，认为不能兼得义利，极力反对个人的物欲私利。朱熹在二程的基础上提出“义利之说，乃儒者第一义”。陆九渊、王阳明主张贵义贱利，存理扼欲。

中国古代有很多关于“重义轻利”的故事。“冯谖焚券”记载：孟尝君派门客冯谖到封地薛邑去收债，临行前冯谖说收回债再买些家里所缺少的东西。冯谖到了薛地，与还债的百姓合验债券之后，便烧掉了那些债券，然后一路马不停蹄地返回齐国。孟尝君很惊奇他回来得这么快，问收债后买了什么，他说买回了家中所缺少的“义”。一年后，孟尝君不被重用，只好前往薛邑，当地百姓扶老携幼步行百里之外前来迎接。这时孟尝君对冯谖说:“先生替我买‘义’的价值，终于在今天见到了! ”这个故事告诉我们，孟尝君开始的确损失了债券之“利”，但却得到了百姓真心的拥戴之“义”，对孟尝君来说这就是最大的利了。正是在传统文化义利之辩的理念下，中国出现了汉代张骞出使西域、唐朝“丝绸之路”的繁盛，和郑和七下西洋而不霸的佳话。

重义轻利论在中国传统伦理文化中一直是主流。无论是孔子的“君子喻于义，小人喻于利”，孟子的“舍生而取义”，荀子的“以义制利”“先义后利”，董仲舒的“正其谊不谋其利，明其道不计其功”，或者宋明礼学的“义利之辩”，中国自春秋至明清，占统治地位的一直是孔孟儒家的重义轻利论。

八、修礼齐朝

中国的礼乐思想及其影响下的礼乐生活，对于中华文明的绵延传承起到了至关重要的作用。“礼者，养也。”礼可以涵养生命，即养成至贵至善的本性、至灵至仁的良心，所以礼成为人们修齐治平的基本准则，也成为历代君王治国理政的重要抓手。“为政以礼”“修礼以齐朝”，礼仪的制度化和系统化，使得政治权力合法化，统治阶层内部秩序井然、上下相谐，庶民百姓效仿遵循、各安其事，整个社会达到稳定的政治局面。

儒学礼乐由圣贤根据“天地人”三才大道制定，再由天子根据民意立为礼制，以教化天下，以使人们相安，成为全体人类修齐治平的根本原则。天下诸侯皆可遵循礼制原则各自定立国法，以治其国；天下之大夫也可遵循此礼制原则与其国法定立其家法，以治其家；天下之志士，亦可依照个人情况据以修身明德，不可违背仁义道德，以完成各自的人生使命。中国古代文明，引导人们遵守仁义道德与长幼尊卑之序，以礼义调节纷繁复杂的利益纷争，由此形成和谐安宁的社会。

礼乐思想在中国古代源远流长。《礼记·乐记》曰："大乐与天地同和，大礼与天地同节。"这就是说，礼乐源于天地，礼乐是自然法则的体现，守礼就是遵从天地大道。"人之初，性本善。"人以其本性之至善而贵于世界万物，与天地平齐，依礼而行是人区别于禽兽的内在本质和伦理道德规范。进而，礼仪成为人类社会活动的行为准则，正所谓"道德仁义，非礼不成；教训正俗，非礼不备；分争辨讼，非礼不决；君臣上下，父子兄弟，非礼不定；宦学事师，非礼不亲；班朝治军，莅官行法，非礼威严不行；祷祠祭祀，供给鬼神，非礼不诚不庄"（《礼记·曲礼》）。

西周的礼制很发达，孔子曰："郁郁乎文哉！吾从周。"《礼记·曲礼》云："天子祭天地、祭四方、祭山川、祭五祀，岁遍。"周礼涵括了宗教、政治、伦理等多重维度的社会规范。周代礼制的核心思想是确立天人合一的血缘辈分、乡党、齿龄、朝廷、道德品位之间的同一秩序，将划定血缘亲疏远近的"婿父翁三党"和确定道德品位高低的"家国天下"之"德、齿、爵三达尊"合和为一，再把这些原则推而广之到天下、国、家、身，就是"王道之大者也"。据《礼记·大传》记载，可以"立权度量，考文章，改正朔，易服色，殊徽号，异器械，别衣服"，但是"亲亲也，尊尊也，长长也，男女有别"这些根本的伦理制度不能随意改变，它们构成了中国传统社会的基本伦理观念、组织结构和行为准则。

春秋时期，孔子强调礼乐对于个人修养的重要作用，"不学礼，无以立"（《论语·季氏第十六》），"不知礼，无以立也"（《论语·尧曰》），"礼，与其奢也，宁俭。丧，与其易也，宁戚"（《八佾》）。在孔子看来，"礼"不在于其外在如何奢侈铺张，而在于其是否合乎仁义，是否内在地包含“仁”。子曰：“礼云礼云，玉帛云乎哉？乐云乐云，钟鼓云乎哉？”（《论语·阳货篇》）其大意是，君子行礼，必先具备仁义之心；倘若失去仁义，徒剩玉帛，何以称之为礼？君子奏乐，必兴仁义之志；苟忘仁义，只剩下钟鼓，何以称之为乐？孔子认为，君子一切言行，皆由仁义统摄。而礼乐，则是其言行不违仁义之根本保障。孔子认为“克己复礼为仁”，但是仁必须谨遵圣人制定之礼以完美实现。苟不明礼，则仁难实现。有了仁，才有真正的礼，礼和仁不可分离。在二者的关系上，孔子认为，“礼”要以“仁”为根本出发点，同时要借助礼来保障仁义的正确实施，遵礼而行，才能真正实现仁德，以此求得社会与政治的和谐有序。

荀子由乱世陋俗引出“今人性恶论”与圣王礼法哲学，认为“今之人性，生而离其朴，离其资”（《荀子·性恶》），“古者圣王以人之性恶，以为偏险而不正，悖乱而不治，是以为之起礼义、制法度，以矫饰人之情性而正之，以扰化人之情性而导之也。使皆出于治、合于道者也”（《荀子·性恶》），必“隆礼贵义”，以使“其国治”。对人的后天习性进行限制的具体措施就是“隆礼至法”。

荀子提倡隆礼至法，认为“隆礼至法则国有常”（《荀子·君道》），其礼治的理想是：“德必称位，位必称禄，禄必称用”。荀子认为礼、法都是为了规定贵德贱不义、别内外分上下等社会秩序，认为“礼者，法之大分，类之纲纪也。故学至乎礼而止矣。夫是之谓道德之极”（《荀子·劝学》），指明了礼大于法，礼和法有共同特性，学至于礼，就可以达到法度的道德极致。荀子以为“礼法”是圣王对天下、国家、政治、法律制度的质的规定。在《修身》篇中，荀子说“故非礼，是无法也”，意指法律必须在礼乐的统摄之下，体现仁义良善的道德精神，否则就不能称之为真正的法律。礼不仅是法的来源，更是法的价值与灵魂。

自秦统一中国以来，礼乐制度遂被改造，在后世的发展过程中，大体分为三个阶段：

第一阶段，集权礼制的诞生与初步发展。为了更好地实现专制统治，秦始皇采用明儒暗法的方式改造礼仪制度。《通典》记载：“秦平天下，收其仪礼，归之咸阳，但采其尊君抑臣，以为时用。”秦统一之后，搜集六国礼仪，选择有关“尊君抑臣”加强皇权的内容来创制新礼，全面废除了周礼的道德封建礼制，加强了皇帝对地方的直接控制。秦亡汉兴，高祖刘邦命叔孙通制作汉礼，命其多取秦法少取周礼，制定汉朝礼制。其后历朝仿照，不脱“尊君抑臣”的窠臼。传统礼学从重视道德转至道德与法术兼容并重。因此说，秦后礼制是秦法的延续，不再是周礼的原初本义。

第二阶段，集权礼制的辉煌阶段。唐代《贞观礼》《大唐开元礼》、宋代《开宝礼》《政和五礼新仪》等典籍之多，规模之大，名目之全，礼仪之丰富，都远远超过前代。宋代理学家将天理与礼乐相结合，提出“礼即理也”的命题，以此阐明了礼制的本质内涵，由此，宋代成为秦朝以来礼学理论水平的最高阶段。宋朝之后，礼学思想趋于稳定，并逐步由上而下地扩散，各级官员进行礼仪教化工作，定期举行祭礼，褒奖孝悌并惩戒不孝悖礼行为，以此对民众进行教化。

第三阶段，集权礼制的衰落变异阶段。元朝拒绝汉式礼制，民族色彩极其浓厚，与中原王朝礼制体系格格不入，后有明太祖讨元檄文：“驱逐胡虏，恢复中华”。然朱元璋囿于私心，认为“古昔帝王之治天下，必定礼制以辨贵贱，明等威”。明朝以此为领编撰了《大明集礼》《大明会典》等礼制典籍。清朝为了获得世俗认可与遵行，由地方性军事政权时期的大金礼制逐渐转化为基于满族习俗而部分承继明朝礼制的汉式礼制，至乾隆时期的《大清通礼》，完成了满汉合璧的清代礼制，实现了明儒暗法皇帝制度下的礼乐制度的重新塑造。

礼乐具有文明教化、政治安全和社会稳定的重要功能。“礼之用，和为贵”（《论语・学而》），礼乐的调解，使得人与人的关系变得更加和谐。孔子说：“道之以政，齐之以刑，民免而无耻；道之以德，齐之以礼，有耻且格。”意思是说，以政令为指导，用刑法来整肃惩治，对于避免民众违法虽能一时奏效，但不能使人们产生羞耻之心，难免苟且犯罪。若以道德教化百姓，用礼义规范他们的行为，民众就会明晓道义而自生羞耻之心，从而恪守正道，自觉不做犯罪之事了。人苟无耻，则必无所不为，虽有智者，也不能阻止乱象；但若民众“有耻且格”，随着道德意识的不断提高，人人自觉向善，社会就和谐有序。礼制强调人内心的道德自律，是一种介于法律和道德之间的文明制度形式，有利于克服法律的盲目僵硬与滥用法律的弊病，避免了法律和制度之间的对立。此外，礼把人与人之间自然的尊卑上下与修养的高尚卑微关系内化在日常生活之中，使孝、悌、忠、信、平等、博爱等道德要求在礼中得到集中体现。礼的主要内容是“敬爱、谦让”与“内外、上下之则”（《国语・楚语下》），礼的主要功用在于“明人伦，安万物”“分辨是非”与“别异男女内外”（《荀子》），父子相亲，人禽相别，万物相安，故可以“经国家，定社稷，序民人”（《左传・隐公十一年》），达到政治安全、国家安定的作用。

礼乐对于塑造中国文化品格和中国人的精神气质产生了重大而深远的影响。“礼之用，和为贵”思想深入人心，讲礼貌、懂礼仪成为中国人一贯而持久的价值追求，温良恭俭让的君子风范成为全社会共同推崇的典范。

九、协和万邦

“协和万邦”作为中国古代对外交往所秉持的一种价值理念，初衷是要在邦国林立、诸侯相争的情况下，通过道德教化的作用，在治理好本国的基础上，积极寻找与他国的价值共识，求同存异、讲信修睦，在感化、帮助他国的过程中实现“天下一家”（《礼记·礼运》）的大同理想。

“协和万邦”的思想最早可追溯到尧舜禹时代。《尚书·尧典》有云：“克明俊德，以亲九族。九族既睦，平章百姓。百姓昭明，协和万邦。”此处的“邦”指的是古代君王分封的诸侯国家，“协和”的意思是和谐融洽。在上古时代，尧鉴于当时中华大地邦国林立、族群众多的社会现实，从家国同构的角度，提出了“协和万邦”的社会理想。他希望通过家族和谐进而达到社会和谐，最终达到邦国和谐，实现人民和睦相处、国家友好往来，是一个“由小及大”“由近及远”的思想体系。“协和万邦”以“尚和合”“求大同”为精神内核与价值诉求，体现为中华民族处理邦国关系的原则与理想，浸润了儒家积极的现实主义精神与浪漫主义情怀，体现了中华儿女的美好愿望与追求，是中华文明发展进程中创造的宝贵精神财富和独特文化标识。

“尚和合”是“协和万邦”的基本原则与精神内核。中国的“和”文化在民族文化中占据十分重要的位置，它最早出现于甲骨文中，经由“天人合一”的宇宙观生发而来，源远流长，在代代相传的过程中，又逐渐发展出和平相处、合而不同、恰到好处等思想内涵。《说文解字》称：“和，相应也”，其本义指在音乐演奏中不同的乐器相互配合，和谐伴奏。中国作为世界四大文明古国之一，自古以来就是世界上人口最多的地区之一，中国的疆土是由各民族共同开拓的，中国的历史是由各民族共同谱写的，各民族多样化的生活方式与思想观念，作为一种多元化的成分结构，塑造了中华民族兼收并蓄、和合圆融的包容性格，筑就了不同邦族之间的和谐相处的牢固根基。“尚和合”的思想作为“协和万邦”的基本原则与精神内核，蕴含着丰富的和平思想与和谐观念，在中华文化 5000 年的传承与发展中，早已融入了中华民族的血液，积淀为中华儿女共同的文化底色。

中华文明崇尚和谐，中华民族历来是爱好和平的民族。在 5000 多年文明发展的历史进程中，中华儿女一直孜孜不倦地坚守与传承着“和平、和谐、和睦”的价值理念，践行着“与人为善、以和为贵，求同存异、亲仁善邻，兼爱非攻、民胞物与”等人生信念与处世之道。中华民族的血液中没有侵略他国、称霸世界的基因，中国人民不接受“国强必霸”的逻辑，中国人民愿意与世界各国人民和睦相处、和谐发展，共谋和平、共护和平、共享和平。正如此，才谱就了万里驼铃万里波的浩浩丝路长歌，打造了万国衣冠会长安的盛唐气象。正是这种自信与包容的开阔胸襟，才使得中华文明绵延不绝，成为人类历史上唯一历经 5000 多年而未中断的文明。

“协和万邦”所描绘的天下万民都能和谐友好、各个部落“共存”“协和”的美好图景，彰显了古代中国的整体和谐观。现代英国著名的历史学家汤因比曾说，“人类已经掌握了可以毁灭自己的高度技术文明手段，同时又处于极端对立的政治、意识形态的营垒，最重要的精神就是中国文明的精髓——和谐。”“中国如果不能取代西方，成为人类的主导，整个人类的前途是可悲的。”中华文明崇尚和谐，历代政治家和思想家都把“协和万邦”作为处理对外事务的价值遵循，主张以“协和”的理念和政策处理周边事务，倾向于“布恩信，怀远人”，而非以霸道征伐天下、祸乱他国，倡导国家之间的和谐相处，而非彼此兵戎相向、剑拔弩张。在“协和万邦”理念的影响下，和平、稳定、和谐的美好秩序几千年来一直都是中华儿女梦寐以求并为之不懈奋斗的理想。

中国的“和”文化，以“和而不同”作为核心特质。“和而不同”强调有差别的同一，讲的是求同存异、兼收并蓄、有容乃大。中华民族以和为贵的文化精神，滋养出了崇尚和谐统一的博大胸怀。“协和万邦”内在蕴含着“有容乃大”的思想。中国历史上有多次民族大融合，最终融合成一种和谐的政治文化生态。“协和万邦”关键在“和”。作为“协和万邦”的基本原则与精神内核，“尚和合”在中华民族处理对外关系方面表现得尤为突出，其中蕴含着各交往主体之间和谐共处的政治智慧。儒家将人类及其生存发展的环境包罗进去，构建了一种人与自然、社会之间良性互动的和谐生态，主张从建构人自身的和谐出发，层层递进，推己及人、推己及物，实现人与自然、人与社会的和谐，最终达成“天人合一”之境。“和”文化是中华民族传统文化所特有的一种智慧，是中华民族传统文化对整个人类社会发展做出的巨大贡献，是对处理国与国之间关系的巨大贡献。在处理国与国之间的关系上，所有国家都应该保持君子风度，崇尚以诚待人，要做到和而不同、求同存异，坚持公平正义、互利共赢，处理好国家之间的关系。明朝郑和率领当时世界上最强大的船队，不远万里 7 次远航太平洋和印度洋，先后到访 30 多个国家和地区，播撒了和平的理念、和谐的思想、友谊的种子，留下了友好邦交的佳话。

“求大同”是“协和万邦”的终极理想与价值诉求。正如钱穆先生所言，西方文化源自古希腊，希腊始终没有融合成为一个统一的国家，只有所谓的“城邦政治”。欧洲人从古希腊至今一路而来的文化传统，从未像中国一样拥有自古以来统一的一套“天下观”。《尚书》作为中国现存最早的记言体史书，一开篇便讲道：“克明俊德，以亲九族。九族既睦，平章百姓。百姓昭明，协和万邦。”这表明，虽然尧帝时代尚处于原始社会部落联盟时期，远远没有达到真正的“国家”阶段，但却已经有了“家族”和“万邦”的观念，提出了“协和万邦”的理想。到舜帝的时代，“天下”观开始显现。《尚书·益稷》有云：“帝光天之下，至于海隅苍生，万邦黎献，共惟帝臣”，意思是帝王光照天下，天下苍生百姓，万邦贵贱之民，都是帝王的臣子。再到周公时代，“天下”的观念更加明朗，国家意识进一步增强，这在“溥天之下，莫非王土；率土之滨，莫非王臣”（《诗经·小雅·北山》）“明明我祖，万邦之君”（《尚书·五子之歌》）等中均有体现。春秋后期，随着周王室的不断衰微，群雄逐鹿，天下动乱，百姓离难，孔子开始将思考的焦点集中于天下统一的问题上。他提出：“天下有道，则礼乐征伐自天子出；天下无道，则礼乐征伐自诸侯出”（《论语·季氏》），认为只有天下统一，百姓才能安宁。

“协和万邦”一直被视为最重要的政治价值目标。孔子继承了前人，特别是周公的价值理念，主张“讲信修睦”，把重建西周“小康”社会作为其近期的社会理想，进而又推而广之，提出天下一家的“大同之世”作为远期社会理想。中华民族在数千年的历史实践中创造和延续的中华文明，一直以来都富有一种“天下”情怀。无论是儒家的“大道之行，天下为公”的理想，法家的“以天下之财，利天下之人”的主张，还是道家追求的“藏天下于天下”的境界，无不契合古人一以贯之的“协和万邦”“天下一家”的叙事逻辑。正是在“天下一家”理念的一贯影响下，中华文明形成了天下大同的文化传统。

“大同之世”既是“中国历史”意义上的“天下一家”，更是“世界历史”意义上的“世界大同”。“世界大同”是人类高度互助共荣的理想社会形态，也是构建人类命运共同体的必然选择。如今的中国正致力于努力构建一个和谐世界，人类命运共同体思想便是对“协和万邦”中“求大同”思想的创造性转化和创新性发展。天下一家，意味着要融合而不要冲突，要协调而不要对立，要互鉴而不要敌视。随着全球化的日益深入，世界各国和各民族之间的交往也日益密切，不同文明形成了同呼吸共命运的多元一体格局，因此必须以更加包容和开放的心态来面对。“协和万邦”中所蕴含的天下一家的“求大同”的思想正成为新时代全面推进中国特色大国外交，推进“一带一路”建设，构建人类命运共同体的重要历史文化资源，中华文明正在为推动全球治理、建设更加美好的世界贡献中国智慧和力量。

“协和万邦”作为中华民族的传统智慧，在中华文明多元融汇与大一统的进程中产生了深远影响。当今时代，各个民族、国家的前途命运都紧紧联系在一起，是休戚与共的命运共同体，世界各国应当风雨同舟，求同存异，努力把全人类生于斯、长于斯的世界建成一个和睦的大家庭。

十、内圣外王

在中华民族几千年的历史中，儒家思想长期居于正统的地位，“内圣外王”作为德功与事功相统一的最高标准与终极理想，是儒家的基本命题与核心思想。其中，“内圣”指在内在道德修养方面要塑造君子人格，使内心符合“圣”的标准，具备圣人的才德，达到圣人的精神境界，是一种向内的超越；“外王”则是在外在事功方面，通过施行王道建功立业，实现儒家“天下大治”的社会理想，是一种向外的超越。

孔子作为儒家“仁”学的创立者，虽然没有明确提出过“内圣外王之道”，但他所开创的“仁”学中早已暗含了“内圣外王”的精神。“修己以敬”“修己以安人”“修己以安百姓”（《论语·宪问》）就是孔子对儒家“内圣外王”之道的生动阐述。其中，从“修己以敬”到“修己以安百姓”，是一个由内而外、由近及远的修养过程，而这与儒家后来提出的从内圣到外王相贯通的“内圣外王”之道是同一个过程。孔子的“修己以敬”是成德功夫，就是后儒所说的内圣境界，孔子的“安人”“安百姓”是政治事功，也就是后儒所说的外王成就。儒者一方面通过“内圣”完善自身的道德修养，提高道德境界，从而成就其德业；另一方面，通过“外王”建功立业，营造安定和谐的理想社会，成就其政治事功。孔子“为仁由己”“克己复礼”“忠恕之道”“为政以德”“博施济众”等观点都表明孔子学说是追求个人与集体、家庭与社会、道德与政治的高度统一的学说，其实质是囊括了内在道德修养与外在政治事功的“内圣外王”之学。

孟子提出性善论和仁政学说，主张“穷则独善其身，达则兼济天下”(《孟子·尽心上·忘势》)。孟子侧重从“内圣”方面拓展了孔子的“内圣外王”思想，由“不忍人之心”开显出“仁义礼智”四善端，并由性善论引出仁政学说。在道德修养上，主张“求其放心”、养“浩然之气”；在国家治理上，提出“尧舜之道，不以仁政，不能平治天下”(《孟子·娄离上》)，主张施行“仁政”，将“仁”作为君主为政和履行社会责任的道德基础，做到与天下黎民百姓同忧同乐、扶危济困、造福万民，如此就一定能够建立王业。孟子的性善论为儒家的“内圣外王”之道奠定了一个心性论的基础。

荀子主张性恶论，认为“人之性恶，其善者伪也”(《荀子·性恶》)。荀子侧重从“外王”方面拓展了孔子的“内圣外王”思想，主张化性起伪，通过发扬礼的社会作用、健全社会规则与制度来压制人性的恶。与孟子的以“不忍人之心”为根据的道德之性不同，荀子性恶论的立论根据是人生而具有的自然之性、本能之性。荀子曰：“圣也者，尽伦者也；王也者，尽制者也；两尽者，足以为天下极矣”(《荀子·解蔽》)，如果说在孟子那里“圣”“王”是可以两离的，到荀子这里内圣和外王得到了高度的统一。在荀子看来，“圣”与“王”是一而

二、二而一的关系，并且荀子认为圣人也不是天生的，而是“积礼义”而成的，由此大大扩展和深化了儒家的内圣外王之道。

《大学》对“内圣外王”的人格理想做了最完整的概括。在《大学》一开篇，便开宗明义、提纲挈领地总结了“三纲领”与“八条目”。“三纲领”指出“大学之道，在明明德，在亲民，在止于至善”，要求人们要弘扬与完善个人内心善良光明的德性，不断提升自己的道德境界，并在此基础上，将自身之德性修养的成果扩而充之、推而广之、由己及人，从而使民众革故鼎新，实现“明明德于天下”。在“苟日新，日日新，又日新”的过程中，使自我与他人、个体与群体共同达到至善的完美境地。“八条目”明确了“内圣外王”的修养方法，格物、致知、诚意、正心、修身、齐家、治国、平天下层层推进，其中由个人到社会、由内到外、由修身到平治天下的逻辑一目了然，正体现着儒家“内圣外王”的理想人格和理想境界的完成。

《中庸》有云:“诚者，非自成己而已也，所以成物也。成己，仁也；成物，知也。性之德也，合外内之道也，故时措之宜也”。其中，“成己”为内，“成物”为外，由“成己”而“成物”，由内而外，推己而及物。“尽己之心为忠，推己及人为恕”(《四书章句集注·中庸章句》)。“忠”与“恕”是儒家内圣外王之道的实现形式，其中，“忠”是对自身而言的，指个人修养方面要不断完善自身的德性，做到尽心知性;“恕”是对他人而言的，指要将德性修养的成果泽被他人。由“忠”而“恕”，推己而及人。其中，“能尽其性，则能尽人之性”是推己及人，“能尽人之性，则能尽物之性”是推人及物，如此方能达到“赞天地之化育”的“天人合一”的理想境界。

“内圣外王”是儒家思想体系最核心的价值理念，是“内圣”和“外王”的统一，是内在超越与外在超越的统一，是成己与成物的统一，是德功和事功的统一，是心灵秩序建构与社会秩序建构的统一，是圣贤气象与王者风范的统一，被视为儒家完美人格与人生理想的体现。儒家历来所主张的“立德、立功、立言”三不朽的价值，体现的便是“内圣外王”的追求。《左传·襄公二十四年》：“太上有立德，其次有立功，其次有立言，虽久不废，此之谓不朽。”孔颖达疏：“立德，谓创制垂法，博施济众；立功，谓拯厄除难，功济于时；立言，谓言得其要，理足可传”。其中，“立德”即树立圣人之德，是“内圣”的功夫，而“立功”即为国为民建立功绩，“立言”即著书立说，二者皆为“外王”的功夫。

在中国历史上，如王阳明、曾国藩等，不仅在自身道德修养上有很高的境界，而且在外在事功上也有卓越的建树，是真正意义上的“三不朽”的大儒，是儒家“内圣外王”思想的践行者。毛泽东曾说曾国藩是实现了儒家“三不朽”的至高境界的完人，世人称赞其为：“立德立功立言三不朽，为师为将为相一完人”。

曾国藩是中国清朝时期的军事家、政治家、理学家、书法家、文学家，是晚清“中兴名臣”之一，官至两江总督、直隶总督、武英殿大学士，封一等毅勇侯，也是晚清散文“湘乡派”创立人。曾国藩一生走的便是先立德，后立功、立言的治于内而成于外的路子，即《大学》中格物、致知、诚意、正心、修身、齐家、治国、平天下的“内圣外王”的道路。曾国藩一生顺天时、应地利、重人合，内安社稷，外平戈矛，德功与事功并重，堪为世人之典范。

在“立德”方面，曾国藩以儒家为宗，以先贤为榜样，凡事遵循礼法，在其著名的“修身十二法”中提到持身敬肃、静坐养性的修养方式，主张衣冠外貌要保持整齐，心思神情当端正严肃，时时警惕自己的念头、举止中有无背离义理之处。闲居无事时应宁静安泰，保养德性，一旦投于事务之中则专心致志，不存杂念，保持精神状态清澈明朗，如同旭日东升般光彩照人。曾国藩年轻时抽烟成瘾，他深知抽烟有百害而无一利，于是下决心戒烟，但苦于烟瘾难断，他曾前后三次戒烟，戒而复吸，又复戒烟，又复吸。终于，在道光二十二年（1842 年）十月，以破釜沉舟的魄力砸掉了烟具，戒掉了这一恶习。虽然只是一件小事，但是足见其在立德修身方面严格克己自律的精神。

在“立功”方面，曾国藩作为晚清中兴四大名臣之一，挽狂澜于既倒，扶大厦于将倾，内安社稷，外平戈矛，鞠躬尽瘁，殚精竭虑。一方面，他不计个人得失，代表朝廷数次征剿太平天国；另一方面，他促成洋务运动，创办中国最早的现代军工企业，建成江南制造总局，筹建翻译馆、印书处，选送幼童赴美留学，为近代中国自然科学与社会科学的发展奠定了基础。

在“立言”方面，《曾国藩家书》近 1500 封，记录了曾国藩从清道光三十年（1850 年）至同治十年（1871 年）之间的翰苑和从武生涯，所涉内容下至人际琐事与家庭生计之虑，中及进德修业、读书治学之法，上至经邦纬国、济世救民之道，可谓事无巨细，纤悉无遗，生动地反映了曾国藩一生的主要活动及其修身、治家、治政、治学之道。

北宋大家张载言“为天地立心，为生民立命，为往圣继绝学，为万世开太平”（《西铭》），这一理想鼓舞引领了无数中华儿女，“内圣外王”之道成为每一位儒士终其一生的践行与担当。

十一、人文化成

“人文化成”典出《易传・贲卦・彖传》，“刚柔交错，天文也；文明以止，人文也。观乎天文，以察时变；观乎人文，以化成天下。”作为儒家的社会教化思想，“人文化成”重视“人文”对人的教化作用，希望以此塑造理想的君子人格，营造良好的社会风俗，维持国家稳定与和谐。“人文”与“化成”之间是一种相辅相成的双向互动与成就的关系，在“人文”“化成”天下的同时，“化成”的天下（被“人文”化成的天下）又会反过来影响与成就“人文”。如此循环往复，“人文”的内涵得到不断的丰富，“化成”的境界也得到了不断的升华。

中国传统文化非常注重道德教育，孔子说“仁远乎哉？我欲仁，斯仁至矣”(《论语·述而》)。儒家认为人是可“化”的，是“化”中的存在。“人文化成”，即以道德的理念来教化民众，教化的实质即“德化”。儒家看到了圣人教化的作用，以德高望重的圣人形象来引导百姓、教化百姓，百姓心中也一直以圣人作为效法的对象，“人皆可以为尧舜”(《孟子·告子下》)便是这一思想的体现。

圣人制礼作乐教化天下，通过外在的礼、乐教化潜移默化地深入人心，成就人的理想人格，实现人与社会、自然的和谐。自西周开始，中国的思想家们就致力于通过“礼乐教化”来德化民众，从而达到形成稳定和谐社会秩序的目的。儒家作为先秦诸子中最强调心灵秩序与人间秩序的学派，也是最重视“礼乐教化”的学派，他们以仁政王道治天下，用礼教、乐教德化民众。孔子吸收了《易经》的思想，并发展了西周以来的礼乐教化传统，提出了“礼乐教化”的“人文化成”理念。子曰：“质胜文则野，文胜质则史。文质彬彬，然后君子。”(《论语·雍也》)其中，“质”指内在的仁德本质，“文”指合乎礼的外在文饰，即礼与乐，“文质彬彬”的“君子”便是“成人”的标准。

“礼乐教化”是中国古代独特的政治、文化与教育制度，是学校教育和社会教化的普遍模式。儒家的“礼乐教化”作为“人文化成”的手段与方法，植根于“天人合一”的观念，以“致中和”为终极目标。《乐记》有云：“乐者，天地之和也；礼者，天地之序也。”《中庸》开篇说：“喜怒哀乐之未发，谓之中；发而皆中节，谓之和。中也者，天下之大本也；和也者，天下之达道也。致中和，天地位焉，万物育焉。”“中和”作为政治、道德、审美观念的核心，其实质就是礼与乐的“德音”之教。儒家认为，礼乐象征着宇宙天地之和谐与秩序，通过礼乐教化可以建构人内心的和谐秩序，进而由人心秩序的和谐达到社会秩序的和谐，最终实现人类社会与天地自然的整体和谐，通达“天人合一”的真善美之境界，这便是“人文化成”的终极理想。

“人文化成”中蕴含着“文明以止”的人文精神。“文明以止”，最初是说，如果一个人能拥有像天地日月一样正大而光明的圣人之德，那么天下的百姓都会被他的光明之德所感化和指引，进而遵从圣人的礼乐教化，行其所当行、止其所当止。中华民族“文明以止”的文化性格和人文意识是“止其身有所不为”与“止其所当止，内修文德以化成天下”的道德主义、和平主义的统一，于内于外兼具双重属性。一方面，“文明以止”体现为“止其身有所不为”的德性修养以及在此基础上的家国和谐。文明教化的目的在明明德，要让人们发现本心，明白道理，弘扬内心光明善良的德性；文明教化的目的又在于正名，“名不正则言不顺，言不顺则事不成，事不成则礼乐不兴”（《论语·子路》），要让每个人明白并接纳自己的身份，并以礼乐来规范和约束自己的言行，“止其身有所不为”，做到克己复礼、恪尽职守。在中华民族家国同构的传统思想中，家庭和谐了，社会和国家也就和谐了。另一方面，“文明以止”体现为“止其所当止，内修文德以化成天下”。中华民族以礼义文明为引领，融合不同民族、地域多元风俗习性的文化理想。在中华民族的历史上，武力征服与粗暴干涉都不是实现文明传播的最理想方式。正如孔子所言：“故远人不服，则修文德以来之。既来之，则安之。”（《论语·季氏》）中华文化“文明以止”，即通过文化示范与道德感化的方式来达到中华礼义文明的和平传播与自愿接受。中华民族历来所心仪向往的是敬德保民的治道理念、“以德行仁”的王道理想、天人合一的生命学问、人文化成的道德化境。

“人文化成”讲出了人文的精髓，彰显了人文的力量，指出了教化的宗旨与方法，培育了中国的人文精神，形成了中国的人文传统。自“人文化成”观念出现之后，中国的人文精神开始自主地确立起来，对于人文理念的追求也开始变得更加自觉。孟子的成圣贤、化万民的人生理想就是人文化成精神的体现。宋明理学的张载、朱熹、王阳明等都具有以人文理念来化成天下的情怀，都体现了具有人文精神的教化思想。中国历史上“人文化成”的教化思想曾一度促进了社会秩序的稳定与社会关系的和谐。即使是进入 21 世纪这样一个经济高速发展、科技高度发达的时代，其对当代中国构建社会主义和谐社会、建设社会主义生态文明仍然具有重要的启示作用，也将在建设和谐世界的过程中发挥积极的作用，为世界性问题的解决提供很好的借鉴。

“人文化成”思想有助于建构人的内心秩序，对当今世界教育问题、道德教化问题等都具有一定的指导意义。“人文化成”的当代意义要从“人文”与“化成”两个方面看。其中“人文”，就是要提高个人的人文素养、道德素质，通过制定规章制度规范个人行为，培养人们遵章守纪的习惯，帮助人们树立正确的世界观、人生观和价值观，进而“化成”良好的社会风气。

“人文化成”思想有助于建构人与自然、人与社会的和谐秩序，对于解决当今世界在自然、社会领域所暴露出来的严重问题，具有非常重要的指导意义。

在人与自然的关系问题上，“人文化成”强调“天人合一”，就是要实现人与自然和谐统一，这为当今生态环境的恶化提供一种反思。“仰则观象于天，俯则观法于地，观鸟兽之文与地之宜，近取诸身，远取诸物，于是始作八卦，以通神明之德，以类万物之情。”（《易传·系辞下》）自然是一个大天体，人是一个小天体。他们的运行，都遵循一定的自然规律。人道取法于天道，那么人道就应该顺应天道而行，顺天道则吉，逆天道则凶，这一思想贯穿《易传》始终。“人文化成”中所蕴含的“天人合一”思想，即天道与人道的统一，早就为解决人类当前所面临的严重的生态问题指明了方向，不是通过征服自然或无止境地掠取、消耗自然资源的方式来满足自己不断膨胀的欲望和需求，而是通过节制自身欲望、协调天人的方式来实现物与欲“两者相持而长”(《荀子·礼论》)，从而达到人与自然万物可持续地和谐共生的目标。

在人与社会的关系问题上，马克思说，人的本质属性是社会性。人是社会的人，不可能脱离社会而存在。在如何拥有良好的人际关系、与他人和谐相处、形成良好的社会环境方面，“人文化成”思想可以给人们以启示。在中华民族“人文化成”这一人文观与文明意识中，国家富强的目标从来都不是通过霸道强权的治理方式来实现的，而是要充分重视与发挥礼乐对人的文明教化作用，以此来引导民众过一种具有道德伦理属性的文明生活。在文化传播方面，从来都不是通过军事扩张或武力威服的方式来胁迫异族认同与接受自己的文化，而是通过中国式文明典范的内在吸引力和“修文德以来远人”的方式引导对方实现文化上的自我转化和提升，从而达到“协和万邦”、天下一家的目标。

十二、备豫不虞

“备豫不虞”的思想最早见于《左传·文公六年》，“备豫不虞，古之善教也”，此处“豫”通“预”，“备豫”有预备、事先防备之意；“虞”为预测，“不虞”指不测、意外之事。“备豫不虞”的意思是早做预备工作，以防不测之事。在《易经》豫卦中，豫本为逸豫、安乐之意，豫卦为豫谋之卦，安逸喜乐之时的备豫警示才是豫卦的本质内涵。《诗经》有“未雨绸缪”的典故，“备豫”体现为高瞻远瞩的谋虑、明察秋毫的洞达。孔子推崇“未雨绸缪”的精神，认为“人无远虑，必有近忧”(《论语·卫灵公》)。据《孔子家语》记载，孔子曾以“敦以德让，其树根置本，备豫远矣”称赞周先公太王亶甫，说他以德行和礼让治国，树立根本，奠定了周朝兴盛的基业，可谓谋划长远。正所谓“凡事豫则立，不豫则废”(《礼记·中庸》)，只有在逸豫安乐之时早做绸缪、预先谋划，方能功在千秋、利在长远。

据《左传·文公六年》记载，鲁国正卿季文子即将出使晋国，在出行前他特地派人去询问，如果在出使期间晋国发生国丧该行使怎样的礼节。而被派去询问的人感到很不理解，认为现在并没有发生这种情况，去询问没有任何意义。季文子解释说：“备豫不虞，古之善教也，求而无之，实难。过求何害。”意思是，自古以来，提前防范都不失为很好的办法，如果准备了的事情没有发生，并不会有所损害，而如果事情发生之后再临时去请教，那就很困难了。巧合的是，晋襄公在季文子到晋国不久就去世了，虽然突逢国丧，但因为准备充分，季文子顺利地完成了出使任务。之后，在《左传·成公九年》关于楚国攻打莒国的记载中，“备豫不虞”再次被提及：“恃陋而不备，罪之大者也；备豫不虞，善之大者也。”莒国自恃穷弱、小鄙，不做防备，认为谁都不会来攻打，结果楚国在20天之内就攻下莒国3个城市。此为“备豫不虞”的第二个出处。此后，与“备豫不虞”相同或相近的表述在历朝历代的典籍中随处可见。《贞观政要·纳谏》记载，魏征劝谏唐太宗要有忧患意识时说：“备豫不虞，为国常道。岂可以水未横流，便欲自毁堤防？”意思是为政者要想国家长治久安，就必须居安思危，防患于未然，以免在遇到灾害、战事时无法应对，从而危及国家民族，希望唐太宗能未雨绸缪、居安思危。

在中华民族历史上，“备豫不虞”的理念沉淀升华为深邃的智慧。在中国传统军事理论中，“备豫不虞”是克敌制胜、立于不败之地的制胜法宝。“用兵之法，无恃其不来，恃吾有以待也；无恃其不攻，恃吾有所不可攻也。”《孙子兵法》中的这段话就从战略战术的角度，论证了在战争中不能寄希望于别人不来进攻，而是要依靠自己充分的准备与防范，从而实现先胜、全胜甚至是不战而胜。而《孙膑兵法》中的“无备者伤，穷兵者亡”，则是站在反对和避免战争的立场上，探讨了忘战必危、好战必亡的道理。预先谋划筹备是执政者的重要工作。在中国的治理体系中，“备豫不虞”是修身进德、国泰民安的重要保障。《墨子》说“备者，国之重也”，宋欧阳修说“忧劳可以兴国，逸豫可以亡身”（《新五代史·伶官传序》），都从家国同构的立场阐发了“备豫不虞”在治国修身中的重要作用。

“备豫不虞”是“如临深渊、如履薄冰”的底线思维与危机观念。《诗经·小雅·小旻》有云：“战战兢兢，如临深渊，如履薄冰。”比喻像立于深渊之旁、脚踩薄冰之上一样的恐惧谨慎。汉刘向《说苑·政理》：“成王问政于尹逸曰：‘吾何德之行，而民亲其上？’对曰：‘使之以时而敬顺之，忠而爱之，有令信而不食言。’王曰：‘其度安在？’对曰：‘如临深渊，如履薄冰。’王曰：‘惧哉！’”《旧唐书·孙思邈传》：“如临深渊，如履薄冰，谓小心也。”这些都在告诉人们要常存危机观念，常怀戒慎之心，坚持底线思维。

“备豫不虞”要求人们对待一切事情先要做好最坏的准备，努力争取最好的结果，如此方能胸中有数、遇事不慌、有备无患，下好“先手棋”，有效应对风险和挑战，牢牢把握主动权。《周易·既济》中说“君子以思患而豫防之”，《乐府诗集·君子行》中说“君子防未然”“明者见危于无形，智者见祸于未萌”。辩证法告诉我们世界处在永恒的运动变化当中，只有谨慎小心，才能防患于未然，只有做好最坏的打算，早做防备，才能“任凭风浪起，稳坐钓鱼台”。“备豫不虞”就是要坚持底线思维与危机观念，如此方能葆有“乱云飞渡仍从容”的战略定力与“不到长城非好汉”的斗争精神。

“备豫不虞”奉行“敬德”“明德”的天道精神。此可追溯到上古时期敬天事天的天命思想。自尧舜到殷商，人们普遍认为上天主宰人间世界，执掌着人间的一切事务，包括自然的风调雨顺、人的生老病死、国家的兴衰等等，皆由上天来主导和支配，在这种朴素天命观的影响下，产生了对上天敬畏、崇拜、忧惧的复杂情感。周初的统治者通过反思殷亡周兴的深刻根源，认识到殷商覆灭的真正原因是“失德”，提出“天命靡常，惟德是辅”，统治者当以“德”为念、“明德慎罚”、“勤用民德”、“以德配天”的思想。中国历代都强调“敬”，君子敬德当刚健有为、自强不息，国家治理当“敬德保民”，这都是“备豫”品格的体现。孔子说“儒有居处齐难，其坐起恭敬；言必先信，行必中正；道涂不争险易之利，冬夏不争阴阳之和；爱其死以有待也，养其身以有为也。其备豫有如此者”（《礼记·儒行第四十一》），认为儒者应做到日常起居严肃持重，坐下起立恭恭敬敬；言谈话语必能以诚信为先，行为举止必能纯正中直、不偏不倚；在路途中行走不与人争平坦之便利，严寒暑夏下不与人争冷暖调和之处。爱惜生命为了有所等待，保养身体为了有所作为。人能如此修养，便可待时而起；为政者做到如此，便能谋划全局、有备无患、稳扎稳打、攻坚克难。

“备豫不虞”是居安思危的忧患意识。它让人谨慎戒惧，心存敬畏，时刻谨言慎行，防微杜渐。《易经·系辞下》说“安而不忘危，存而不忘亡，治而不忘乱”，《左传》说“居安思危，思则有备，有备无患”，都在告诫人们长存忧患意识，任何时候都不要有马放南山、高枕无忧的麻痹思想。“忧患”是人类所特有的，忧患意识的形成不是人们突发奇想想出来的，而是人们对时代变迁的一种强烈感受，是人们的生存意识，是人们对自己未来命运的担忧。“备豫不虞”首先激发的是个人的责任感，进而形成群体的一种凝聚力。它不仅是个人生存的谨慎戒惧，更是对整个社会生存命运的审慎思虑。

“备豫不虞”还是殚精竭虑、鞠躬尽瘁的家国情怀。“备豫不虞，为国常道”，家国同构是中国文化的特质，在追求内圣外王的儒家学说中，“备豫不虞”更是一种殚精竭虑为社会兴利除弊的家国情怀。家国情怀是对人类前途和命运的一种关注，是对家国天下的责任感和使命感，是中国文化所具有的一种独特的精神内涵，在中国文化中占有十分重要的地位。儒家学说作为中国文化主流，其强烈的家国情怀就是以对国家、民族和社会生存与发展前途的积极关注为内容，高扬以天下、国家为己任的爱国主义情感。“备豫不虞”是心系家国天下的博大情怀；是面临危难、困境而不屈服、不畏难的敢担当、敢负责的斗争精神与进取精神；是救民族于危亡、救人民于水火的牺牲精神与奉献精神。孟子的“生于忧患，死于安乐”（《孟子·告子下》）、杜甫的“安得广厦千万间，大庇天下寒士俱欢颜”（《茅屋为秋风所破歌》）、陆游的“位卑未敢忘忧国”（《病起书怀》）等等，都表达了这种以天下为己任的家国情怀。范仲淹在《岳阳楼记》中表达的“先天下之忧而忧，后天下之乐而乐”的思想，把中国文化中的家国情怀升华到更高的境界，影响、激励了一代又一代仁人志士为社会兴利除弊、英勇斗争。正是这种在中华文明的母体中孕育出的家国情怀，使得中华民族历经磨难而不衰，始终屹立于世界民族之林。

十三、上兵伐谋

古代中国战争连绵不断。战争与国家、民族的命运和人民的生死存亡息息相关，不战而胜是古代中国人对战争的最高期待。“上兵伐谋”作为中国古代军事理论的核心思想和指导原则，凝聚着中国人安身立命、治国安邦的生命哲学与智慧。

“上兵伐谋”典出《孙子兵法·谋攻篇》，“上兵伐谋，其次伐交，其次伐兵，其下攻城。攻城之法，为不得已。”意思是用兵的最上乘境界是以谋略来取胜，次一等的境界是以封锁、孤立等外交手段迫使敌人屈服，再次一等的境界是直接出兵战胜敌人。下策是攻打敌人的城池，这是迫不得已才会采用的办法。

“上兵伐谋”是贯穿于《孙子兵法》全篇的中心思想与指导原则，也是中国传统军事理论中最核心的内容，强调以智而非以力制胜。《孙子·谋攻篇》是孙子谋略思想的集中体现，提出了“不战而屈人之兵”“上兵伐谋”的军事指导原则，确立了以“谋”为原则的“必以全争于天下，故兵不顿而利可全”的“全胜”的战略指导思想，揭示了“知己知彼，百战不殆”的著名军事规律。

“上兵伐谋”是重“知”求“变”的哲学智慧。“知”与“变”的结合体现了朴素的唯物论与辩证法的哲学智慧。

首先，“知”是建立在实践基础上的“知”。孙子曰：“故明君贤将所以动而胜人，成功出于众者，先知也。先知者，不可取于鬼神，不可象于事，不可验于度，必取于人，知敌之情者也。”（《孙子兵法·用间篇》）他认为，明君贤将对敌我双方情况的事先了解与掌握，不是通过迷信的占卜或神谕等方式获得的，不是通过常识与经验、用过去的事情作类比获得的，也不是通过主观臆断、妄自揣度对方的意图与形势的发展获得的。他们的“知”一定是实事求是地从知道敌情的人那里获得的。

其次，“知”是全面的“知”。孙子曰：“知己知彼，胜乃不殆；知天知地，胜乃可全。”（《孙子兵法·地形篇》）只有“知己知彼”，对敌我双方的优劣短长都心中有数、了如指掌，战争中才能胸有成竹、遇事不慌、得心应手。三国时候的司马懿便是知己知彼的高手，他曾与诸葛亮会于五丈原，两军对峙长达百余日之久。期间，诸葛亮数次派人阵前骂战，司马懿只是坚守不出，岿然不动，就连诸葛亮派人送去羞辱他的“巾帼妇人之饰”他也欣然笑纳。这是因为司马懿深知诸葛亮长途奔袭，粮草补给跟不上，必然不能久战，又探知诸葛亮食少事烦，料其命定不久长，于是采取了“坚壁拒守，以逸待劳”的策略，避免正面作战，以待其变。果然诸葛亮不久便病死于五丈原，蜀军不战而退，曹军全胜。这便是“知己知彼”的智慧。

再次，“知”是“变”中的“知”，不是一成不变的，是运动的、发展的。孙子曰：“故将通于九变之利者，知用兵矣。”（《孙子·九变篇》）“变”即变通、变化。孙子认为，只有从战场上时刻变化的实际情况出发，及时更新认知，同时以变应变、灵活机动地采取应对之策，才能掌握战争的主动权。历史上楚人过河的故事便是不了解“知”在“变”中而导致失败的典型案例。据史书记载，楚国人要袭击宋国，先派人前去测量了澭水的深浅并做好标志。不料开战前突降暴雨，澭水大涨，楚人不知情，依旧按原来的标志在深夜里偷渡，结果被淹死了1000多人。战场形势瞬息万变，如果不能及时知悉并灵活应变，则兵败无疑。

“上兵伐谋”是“先胜后战”的备豫意识。孙子曰：“昔之善战者，先为不可胜，以待敌之可胜。”（《孙子兵法·军形篇》）意思是说，从前善于用兵作战的人，先要创设条件让自己变得不可战胜，然后等待敌人露出破绽将其击败。“先胜后战”告诉我们不打无准备之战，强调主动防御的重要性，要通过科学合理的谋划，让自己立于不败之地，然后再去寻找敌方的漏洞与可乘之机，最后以压倒性的优势打败敌人。要“先胜”，就需要在战略战术上做好预先谋划，以“上兵伐谋”的备豫意识，早做筹谋。

“先胜后战”，在战略认识层面，要重战、备战，要时刻保持高度警惕，做好随时应战的准备，做到“无恃其不来，恃我有以待也，无恃其不攻，恃我有所不可攻也”（《孙子兵法·九变篇》），明白“天下虽安，忘战必危”（《司马法·仁本》）的道理，时刻不忘居安思危。在战略判断层面，要早做预判，做到“未战而庙算胜”（《孙子兵法·计篇》）。“庙算”指的是古时候开战之前在庙堂里举行会议，共同分析战争的利害得失，预测战争的胜负，商讨谋划作战方略。如何提高“庙算”的预见性，从而获得更多的战争胜算呢？孙子提出了“道、天、地、将、法”五事与“主有道、将有能、天地得、法令行、民众强、士卒练、赏罚明”七计，来预先计算胜率，判断胜负。在战略决策与战术执行层面，要预先做最坏的打算，争取最好的结果，以退为进，争取“全胜”。《孙子兵法·谋攻篇》有云：“故善用兵者，屈人之兵而非战也，拔人之城而非攻也，毁人之国而非久也。必以全争于天下，故兵不顿而利可全，此谋攻之法也。”意思是说，善于用兵的人，能不靠交战便使敌人屈服，能不靠强攻便拔掉敌人的城邑，能不靠久战便毁灭敌人的国家，一定要用全胜之策争胜于天下。这样，军队不会劳顿疲惫，又能取得完满的胜利，这便是以谋略攻取敌人的方法。坚持逆向思维，以退为进，从而做到“一战而胜”。

历史上，隋文帝正是以“上兵伐谋”为指导原则，以“先为不可胜，以待敌之可胜”的先备后战的备豫意识一举灭掉了陈国。隋朝初建时，在北方有突厥不时南犯，在南方有陈国隔间对峙，这两方势力成了隋文帝一统天下的最大障碍。鉴于王朝初建，国力单薄，隋文帝从“先为不可胜”出发，制定了内部增强国力、外部先灭突厥再灭陈国的战略部署，首先通过政治、经济、军事等一系列改革，实现了政通、人和、军强、国富。开皇三年（583 年），隋朝大军北上攻打突厥，为了防止腹背受敌，对南方的陈国采取了假意笼络的策略。在一举击败突厥之后，隋文帝并没有贸然进攻陈国，而是“待敌之可胜”，耐心等待敌人露出破绽。每到庄稼收获季节，隋文帝便调兵集于长江沿岸，并到处散播将要渡江灭陈的假消息，使得陈国频繁征调人马，疲于应对，延误了农时，影响了收成。同时，隋文帝派出间谍偷偷到陈国去焚毁其粮仓，几年之间便使得陈国国库空虚、国力衰败，而数次的假意佯攻也早已使陈国将士疲惫，放松了警惕。见时机已成熟，隋文帝果断发动了渡江进攻，用20天的时间一举灭掉了陈国，实现了全国的统一。

“上兵伐谋”是“求全求善”的人道主义关怀。孙子在《孙子兵法》的一开篇就对战争的性质做了清晰的论断，指出“兵者，国之大事，死生之地，存亡之道，不可不察也”（《孙子兵法·计篇》）。战争是与国家、民族和人民的命运、生死存亡紧紧地联系在一起的。“兵者，凶器也”（《国语·越语下》），“非利不动，非得不用，非危不战”（《孙子兵法·火攻篇》）。“上兵伐谋”就是以智慧谋略重战、备战、慎战，最终达到避战的全胜目的。孙子曰：“不战而屈人之兵，善之善者也。”（《孙子·谋攻篇》）兵不血刃地达到使敌人屈服的目的，正是人道主义关怀的集中体现。

历史上，韩信尺书平燕地的故事正是“上兵伐谋”“不战而屈人之兵”的“求全求善”的人道主义关怀的生动写照。公元前204年，韩信率军攻打赵国，赵将陈余领命在井陉设防阻击韩信，谋士李左车建议发兵袭击韩信的粮草辎重，但陈余刚愎自用没有采纳，后反被韩信设计诱出，20万赵军全军覆没。战后李左车被生擒，韩信以礼相待，并虚心讨教下一步攻燕伐齐之策。李左车认为汉军先是渡西河，擒魏王，后又东下井陉，半天时间全歼赵军20万人，诛杀赵王，军威早已震动天下，此为汉军之优势。但大军长途奔袭，连续作战，早已疲惫不堪，如今若是引兵攻打燕国，燕人必定会凭城固守，攻城之战必定旷日持久，死伤无数，汉军最终会陷入弹尽粮绝的危险境地，若此时齐国又在东面响应，两国对峙，楚汉之间胜负之数就更难料了，这是汉军之弱势。李左车建议韩信先让大军安定下来卸甲休息，犒劳奖赏有功将士以鼓舞士气，并好生安抚赵国百姓，然后再修书一封，暗中派能言善辩之谋士带去给燕王，向其详陈利害，劝其归降，燕王畏惧韩信与汉军的威名，必定不敢不从。待燕国归降之后，再东向攻齐，齐国孤立无援，自然灭亡。韩信依计行事，果然使得燕国不战而降，使两国免予刀兵相见，实现了“全胜”的目标。

综上所述，“上兵伐谋”作为中国传统军事理论中的核心思想与指导原则，是重“知”求“变”的哲学智慧，是“先胜后战”的备豫意识，更是“求全求善”的人道主义关怀。在中华民族的历史长河中，其所承载的价值理想与智慧思考将永远熠熠生辉。

第二部分

制度篇

文化张扬一个民族的气质，制度彰显一个国家的风骨。制度，即规范，既包括成文规则，也包括习惯规矩，是社会管理的产物，也是实现统治的工具，它规定了一个国家所有人的行为举止。从起源上看，制度是在社会生产和生活中形成的各种规范，是用来节制和约束普通大众的。

中国古代以小农经济为基本生产方式，土地是国计民生的命脉，为国家所有，农民负责经营土地并承担对国家的赋税徭役，战时全民皆兵。井田、均田和租庸调等经济制度，以及诗书礼乐等文化教育体制，共同维系着宁静祥和的耕读生活。在此基本社会结构基础上，形成了中央集权的君主专制政治制度，辅之以宰相制度、郡县制度等行政管理体制，构成了大一统的局面。

基本的经济制度和主要的政治制度，形成了举国体制和一个权力轴心，意识形态化的学校教育增进了社会整合性，整个国家的组织力强大而无与伦比。但是，它的短板是正如晚清诗人龚自珍所指出的“一人为刚，万夫为柔”，容易形成社会板结和政治腐败。恰恰是秦汉以来的选官制度，特别是实行了 1300 多年的科举制度，源源不断地培育和输送了人才，为中国古代社会制度的刚性和脆弱补充了韧性和顽强。在君主专制的刚性与官僚高度流动的柔性相结合的形式下，文化精英政治赋予了古代中国在当时世界上少有的清明与文明。

在 19 世纪中西文明正面碰撞之前，中国是世界上屈指可数的文明大国、富庶大国、教化大国。几千年来形成的中华文明博大精深，源远流长，在对外交流上一贯奉行对异域文化开放、兼容并包、广纳博取的政策。泱泱大国以其天下情怀推恩威于四海，即使遭遇侵略，虽必血战到底，但也终不失仁义风范。与此同时，这也造成了古代中国世界观和国际观的偏颇，经济的自足、文明的自赏、制度的自洽，使得中国在 5000 多年的历史轮回中，没有与时俱进"睁眼看世界"。所以在近代，当突然遭遇西方科技文明冲击和军事强势侵犯时，中国曾一度沉沦。面对列强凌辱和自身发展落伍，中国人民奋起反抗，救亡图强，开展了不屈不挠的斗争，走上了中华民族伟大复兴之路。

一、统御天下的皇权制度

中国古代政治体制，一个最为突出的特点就是中央集权。地方绝对服从中央，中央则由君主皇帝说了算。专制主义的中央集权制度，在古代统一的中国是基本政治制度。帝王是中国古代中央集权制度的核心，围绕这一核心建立起系统完善的帝王制度。这套制度集中体现皇帝个人的神圣与权威，皇帝是国家最高的政治首脑，拥有最高的权力与地位。古代的帝王制度从秦朝开始创立，此后为历朝历代所承袭并发展，直到清朝之后才被彻底废除。这一制度在中国古代沿袭了2000多年。

在秦始皇之前，国家最高统治者一般称为“王”，“王”在国家政治活动中具有核心地位。始皇二十六年（公元前221年），秦统一中国。秦王嬴政认为“王”这一称号不能显示其丰功伟绩和地位尊贵，于是召集大臣讨论最高统治者的称号问题。群臣争相向嬴政献言献策，认为古代有天皇、地皇、泰皇，其中泰皇最尊贵，因此，建议嬴政以此为号。然而，嬴政认为自己的才能和功绩完全超过了三皇五帝，决定将“泰皇”称号中的“泰”字去掉，只保留一个“皇”字，同时采用上古“帝”位号，合在一起称为“皇帝”，自己为“始皇帝”，以后继任者按次序传承下去，二世、三世至于万世，传之无穷。从此，“皇帝”就代替“王”，成为中国古代社会历代王朝最高统治者的专属称号。

皇帝的名号不仅十分重要，而且与皇帝有关的一切政务活动也都要有相应的称号，这便是中国古代皇帝的名位制度。从皇帝的称谓、政务处理到衣食住行用等日常活动，都有特定的名号。皇帝的名号确立后，其亲属的尊号也逐步确立起来，如皇帝的父亲、母亲分别称为太上皇、皇太后，皇帝的妻子称为皇后，皇帝的儿子、女儿分别称为皇子、公主等。

皇帝的名号制度还包括皇帝生前确立的年号，以及死后的谥号、庙号、陵寝号等。年号通常是由君主发起的，是一种纪年名称。从先秦时期一直到汉朝初年，是没有年号的，到了汉武帝时期才开始创立年号。汉武帝之后，年号便形成制度。皇帝的年号有多有少，少的只有一个，多的则会有十几个。例如，唐朝唐高宗时期有多达 14 个年号；而明清时期的皇帝，一般是一人一个年号，后世便以年号代称这些皇帝，如洪武、嘉靖、康熙、乾隆等。谥号则是在皇帝去世后，朝廷根据其生前所为，给出一个具有评价意义的称号，用来反映帝王的一生功过。早在西周时期，谥号制度便已经在贵族之间普遍施行，秦朝时将它废除了。西汉时期，朝廷恢复了谥号制度，此后一直沿袭到清朝末期。庙号是皇帝死后于庙中被供奉时所称呼的名号。庙号起源于商朝，当时具有重视祭祀的传统，对具有卓越功勋的先王的祭祀更是国家非常重视的大事，先王去世后会被追加庙号，供后世子孙祭祀敬拜。周朝时期没有继续采用商朝的庙号制度，君主只有谥号而无庙号。秦朝时期，秦始皇则将庙号与谥号一起废除，规定不再使用。直到汉朝时期才逐渐恢复庙号制度，开国君主一般称为“祖”，继嗣君主有治国才能者为“宗”，如西汉开国之君刘邦，其庙号为“太祖”；唐朝李世民开创“贞观之治”，其庙号为“太宗”。清朝末期光绪皇帝去世后被称为德宗，这是中国帝制时代最后一个皇帝的庙号。陵寝则是皇帝死后下葬的地方，通常要根据去世皇帝生前的功绩、世系来对陵寝的名号进行命名。

“君权神授”是古代皇帝为加强自身统治而建立的理论学说。早在夏朝，统治阶级便开始借由宗教这一神秘力量进行统治。古代统治者为了掌握最高权力，通常会倚仗天命以树立自身的权威，借天命以成人事。最高统治者自称“天子”，意思是自己作为天神的化身，代表天神行使在人间统治的最高权力。西汉汉武帝时期，为了适应君主加强统治的需要，董仲舒对“君权神授”理论进行了丰富和完善，主张天和人是相通的，天作为至高无上的统治人间的力量，是具有意志的人格神，而人可以感应到天的意志，并需要按照天的意志来行事，否则将会受到天神的惩罚，而各种自然灾害便被视为天神惩罚的警示和征兆。“君权神授”学说使皇权借由神权而得到进一步加强。

在古代社会，皇帝是国家首脑，因此掌握着最重要的权力，包括行政、军事、司法、财政等大权。此外，官吏的任免和赏罚、百姓的生杀予夺也都取决于皇帝。皇帝虽独揽大权，但要实现自身的意志，还需要牢牢掌握和控制国家机器，建立上下有序、等级分明的承传制度，官吏制度便是其中重要一环。中国古代官制形成了皇权至高无上的金字塔式结构。在国家治理中，皇帝是最高的决策者，文武百官都要服从皇帝的意志。为了防止皇权旁落，皇帝会任用不同官吏以实现权力制衡。一旦官吏的权力对皇权构成威胁，皇帝便会采取种种措施限制其权力，甚至会变革官制，从而保障皇权的稳定。

皇帝对国家机器的掌握，主要是通过奏事、朝议、刺察等形式掌握全国的经济、社会、民生和军事信息，并在此基础上进行指挥和决策。奏事在形式上分面奏和书奏。清朝康熙和雍正时期，开始实行密奏制度，并具有更加严格的规定，在一定程度上反映了帝制社会晚期皇权的进一步强化。皇帝下发命令，既有口头形式的，也有文书形式的，往往采取谕、旨、制、策、诏、朱批、诰、戒等不同形式，而每种形式均对应特定的政治事务，体现皇权的绝对性。朝议通常分廷议和集议两种形式。所谓廷议，就是文武百官在朝堂上向皇帝进言献策，皇帝则听取百官的议论和建议。皇帝不是将所有的事务都在朝会中提出，有些事务会先通过召集特定官员进行讨论，然后将讨论后的意见禀奏皇帝，这种形式称为集议。这两种形式其实都是为皇帝决策服务的。刺察制度，是皇帝通过特定的监察系统对文武百官进行监督的制度。皇帝有时也会用刺察作为掌握社会民情的渠道，以加强自身的统治。

礼法并用是维护皇权的重要手段。一方面，统治者重视运用礼乐制度来确立等级关系，建立社会交往的规范，通过礼乐教化实现一种柔性统治。另一方面，历代皇帝通过法律来维护皇权的神圣，任何侵犯皇权的行为都会受到惩罚和制裁。中国古代有“十恶”之罪，它们往往被各个朝代视为不可饶恕的罪责，因此是一种刚性统治。

在皇帝制度中，皇位继承问题至关重要，由于它关系到统治阶级统治地位的巩固以及皇权的更替延续，因此被历代王朝所高度重视。秦始皇建立皇帝制度，然而并没有确立皇位继承制度，宦官赵高假传诏书立胡亥为皇帝，导致秦朝只传了一代就分崩离析了。汉朝吸取秦朝的教训，汉高祖二年（公元前205年）便正式预立太子，从此太子制度得以确立。册立太子时一般遵循嫡长继承、顺序嗣位的原则，即首先确立皇后所生的长子为太子，如果太子去世较早，太子有长子则代位继承，没有则立皇后所生的次子为太子。只有在皇后无子的情况下才会考虑非皇后所生的儿子为皇位继承人。如果皇帝没有儿子，则会在皇族内部按照亲疏顺序选择继承皇位之人。皇位继承制度的设立，是为了避免皇族内部发生皇位之争，使得皇权代际更替安全顺利。但是，对于皇族贵臣来说，皇位具有极高的诱惑。为了争夺皇位，朝廷内外各种利益集团结党营私，各立山头，各有所拥戴的皇子，为了皇位而展开残酷斗争。清朝初期废除预立太子制，改用“密建皇储”的办法，待皇帝去世后才公布皇位继承人。这一制度在选择继承人时不再优先考虑其是否嫡庶出身等先赋条件，而是以其才能为主要根据，相应地扩大了皇位候选人范围。

皇权至高无上、皇位实行世袭、君尊臣卑、三纲五常，是古代中国专制主义中央集权发展的总特点、总趋势。这种政治体制的历史积极作用，是利于多民族、大一统国家的建立、巩固和发展，能够有效地调遣和组织人力、物力和财力，从事大规模的生产建设，抵抗外敌入侵，促进各地经济文化交流和繁荣。其不利的影响在于，它扼制民主、导致暴政、产生腐败，最终阻碍社会历史进步。南宋以后，专制主义的中央集权越来越阻碍新兴的资本主义萌芽的发展和科学技术的进步，致使古代中国独立实现近代转型失败。

二、分权制衡的省部制度

从秦始皇开始，皇帝掌握国家最高权力，并通过宰相统领省部官僚机关，牢牢控制着对中央部门和地方郡县的治理。地方大员代表皇帝行使管理权，这便是行省的来历，推及各县，以至民间的乡绅，形成了家天下的局面。具体来说，中国古代的中央制度包括宰相制度和省部制度。宰相是一人之下、万人之上的行政官员，统领各司其职的省部衙门，为治理帝王家天下奔走效劳。

宰相是对中国古代辅佐君主治理国家事务之最高官员的一种称呼，并不是指代特定的官职。“宰”，有宰割和主宰之意。关于“相”的含义，本意是眼睛看物，引申之意为扶助和辅佐。具有主宰之意的“宰”字与具有辅佐之意的“相”字，连在一起称呼就组成了“宰相”。“宰相”正式作为官名，只出现在辽代，在其他各个朝代先后出现过丞相、尚书令、中书令、内阁大学士（明朝）、军机大臣、总理（清朝末期）等等数十种不同的官名，都用来指称“一人之下、万人之上”的最高行政长官。

宰相是中国古代君主制度的派生物和附属物。古代君主虽然掌握行政、立法、司法等重要权力，但若要治理国家，还需要相应的行政组织，这个组织的最高层就是宰相或者是相当于宰相功能的机构，是直属君主的执行官或执行机构，同时也是皇帝的高级智囊团。

在殷周时期，最高统治者利用分封制统治全国。诸侯在自己所辖的分封国范围内进行政治事务的管理，最高统治者一般无权干涉，并且分封国实行贵族世袭制，从而导致这一制度越来越不利于最高统治者的统治。秦统一中国后，废分封，行郡县，通过任免官吏而非宗法亲缘关系来治理国家。在这一背景下，宰相制度开始确立。任命宰相的权力掌握在皇帝手中，皇帝可以决定适合的人选，不再以血缘和出身为唯一衡量因素，而是更加看重担任宰相之人是否具有治理国家的才能，从而有利于维护皇权。秦朝时，宰相使用的官名是“丞相”，有两人时，分为左右，称为“左丞相”“右丞相”，以左为上。丞相掌握着重要的权力，辅佐皇帝治理国家，具有非常高的政治地位。

汉朝继续沿用丞相制度，以丞相或左右丞相为宰相之职。汉初时，丞相位尊权重，其政治地位仅次于皇帝，可谓是一人之下、万人之上。汉武帝为了加强君权，采取措施来限制相权。汉哀帝时，改丞相为大司徒，丞相一职便被废除。

隋朝重新统一中国后，在吸收魏晋时期三省制发展经验的基础上，设立尚书、内史、门下三省制，宰相职权一分为三，目的是避免有权力的大臣独揽大权。内史省负责决策，设内史令为行政长官；门下省负责审议，设纳言为行政长官；尚书省负责执行，设尚书令为行政长官。三省的行政长官都是宰相。

唐朝承袭了隋朝的制度，宰相制度依然实行三省制，其职能分工与隋朝并无实质不同，只是将内史省的名称改为了中书省，主要还是负责决策。在古代社会，皇权与相权始终存在紧张关系。为了防止皇权旁落与宰相专权，唐朝经常变更相府机构，就连宰相的名称也时常发生变化。唐朝的宰相，不仅包括三省的行政长官，也包括其他参议朝政的重要官吏，例如唐太宗时期，吏部尚书杜淹、秘书监魏征均能参议朝政，行使的也是宰相之权。

北宋时期，宋太祖吸取唐朝后期权臣操控政治的教训，对中央行政机构进行改革，集权于君主，具有宰相职能的机构经常变革，宰相名称也发生了多次变化。掌管机要的行政机构主要在中书省，这一行政机构主要负责草拟政令、上传下达皇帝的奏折批件，遇事需用文书向皇帝禀报请示，征求皇帝意见，然后拟出政令，皇帝审查同意后才可以正式下发到各级行政机构。通过这种机制，皇帝实际上收回了宰相的决策权。在宋朝，枢密院是负责全国军务的最高军事机关，与中书省合称东、西“二府”。枢密院掌管兵籍、虎符，但须经皇帝批准后才能调动军队。当时，同平章事、参知政事、枢密使、枢密副使等职官均属于宰相之任。

元朝时，仅设置中书省为宰辅机构，其最高行政长官为中书令，通常由皇太子担任，统领百官，处理政务。下设左右丞相、平章政事，属宰相之职。

明朝初期因袭了元朝制度，设置中书省，其长官为左右丞相，负责处理全国政治事务，掌握着十分重要的权力。明太祖朱元璋为了加强皇权，于洪武十三年（1380 年），以“谋反”罪诛杀了时任丞相胡惟庸，废除了中书省和丞相制度，规定皇帝掌管六部，直接处理全国政务，形成皇权与相权合拢之势。然而，皇帝一个人的精力毕竟有限，不可能完全独自处理繁多复杂的政务，所以后来又设置内阁大学士，充当皇帝的顾问，协同处理文书。随着内阁大学士不断参与政务，其所掌握的权力开始扩大，首席大学士更是被称为“元辅”或“首辅”，虽无宰相之名，却有宰相之实。

清朝沿袭了明朝的制度，继续设立内阁。内阁大学士是身为文臣的最高荣称，并无实际大权。真正掌握大权的军机处，是处理全国军政要务的中枢机构。雍正七年（1729年），因对西北用兵，需紧急处理的军务太多，所以增设军机处。军机处并非正式设置的机构，而是由兼任的军机大臣承旨办理军政要务，后来权力逐渐扩张，成为受皇帝直接控制的国家最高权力中枢，军机大臣则相当于宰相。

宰相制度在中国古代历史上具有重要地位，在国家行政管理中起到了一定的积极作用。从西汉和唐朝政治来看，宰相制度在国家治理中发挥了较好的作用。西汉是一个比较安定清明的时期，在这期间，除了君主励精图治之外，也离不开诸多宰相的辅佐之功。只有君权与相权在一定“秩序”范围之内保持和谐统一，才能出现安定清明的太平盛世。在西汉和唐朝，正是由于君权与相权相互制约又相互辅助，促进了君主的施政清明，维持了社会的稳定发展。然而，到了明清时期，君权与相权的矛盾不断加深，为了加强君主的统治，宰相制度在明朝时被废除。后来虽设立内阁，但却不是独立的行政机构，内阁大学士多以皇帝顾问的身份出现，并无实权。到了清朝，增设军机处，军机处逐渐取代内阁，成为政务处理中心，这样权柄更加集中于皇帝手中。

中国古代的中央机构体现为省部制度。作为古代中国社会治理国家的重要政治制度，它起源于汉朝，确立于隋朝，成熟于唐朝，直到清朝末期还在沿用。省部制度主要指三省六部制，是古代比较系统和完善的中央政治制度，其中的“三省”是指尚书省、中书省、门下省；“六部”是指吏部、户部、礼部、兵部、刑部、工部，隶属于尚书省。尚书省形成于东汉时期，当时称尚书台，其设立的目的是制约宰相的权力，加强君主的统治；中书省和门下省形成于三国时期，其设立的初衷在于对尚书省的权力形成制约。这一政治制度在长期发展演变过程中，组织形式和职权规定有所不同，直到隋朝，才确立为三省六部制，成为中央行政系统，主要职责为制定、审核与执行中央政令和政策。

三省中的尚书省，在东汉时期便大致成形，当时称作尚书台。在西汉初期，朝廷的权力主要由皇帝和以宰相为首的中央行政机构掌握。汉武帝时，为了加强统治，开始将权力由外朝转移到内朝，任用少府尚书来协助自己管理文书奏章。东汉时期，最高统治者为了削减宰相的权力，对原来的三公九卿制度进行变革，三公虽居高位，但实际上掌握的权力已经被大幅削减，朝廷内部事务不再交给他们负责，最高决断权已经转移到皇帝一人手中。同时，尚书由于经常协助皇帝管理文书奏章、参与处理朝廷内部事务，其职权不断扩大，地位日益提高。

隋朝统一全国后，正式建立三省六部制。三省六部制作为中央行政机构开始运行。三省并立，成为中央最高政府机构，共同负责处理中枢政务。三省之间分工协作，相互制衡，共同向皇帝负责，从而有利于皇帝的集中统治。

唐朝在沿袭隋朝三省六部制的基础上对其进行了完善，其职责有了更加具体的划分。唐朝继续设立尚书省、中书省、门下省为三省；设置吏部、户部、礼部、兵部、刑部、工部为六部。唐朝的中书省相较于隋朝来说，职责更加明确，权力也相对集中。中书省负责起草中央政策、文书，草拟批阅各级官府呈报的奏折，还参与朝廷举办的各种重要活动。门下省具有审核文书、参与最高事务管理、纠正朝政过失的重要职责，对于中书省草拟的诏令行使复审权，如果认为有不合适或者不便推行的内容，有权力封还和驳正，要求中书省重新拟定。尚书省作为中央最高的行政事务管理机构，同中书省、门下省一样可以参与国家大事，并且主要负责中央政令的下达、贯彻和执行。无论是皇帝的旨意，还是中书省、门下省决定的事项，最终都需要通过尚书省经六部下发到地方行政机构执行。尚书省所属的六部二十四司，掌管着全国的行政事务。其中吏部主管官吏任免、调动与考核，户部主管全国财政、税收和民政，礼部掌管礼仪、学校、祭祀、诸藩朝觐以及涉外事务等，兵部掌管武官选用、军令、军籍及军训等，刑部主管全国刑罚政令及重大案件复审，工部主管工程营造事项。

在宋朝时期，三省制只有其名而无其实，日益具有发展为一省的趋势。宋朝设置中书、枢密、三司，分别掌管行政、军事、财政三大要务，宰相的权力被大幅削减，由枢密使、三司使所分取。在这种行政体制下，宰相、枢密使、三司使三者职权不分上下。宋朝为了加强中央集权，实行官称和实职分离的制度，三省、六部、二十四司名义上都有正式官员，但是除非得到皇帝任命，否则不能管理本部的事务。这样一来，就导致了朝廷内外大批官员无所事事，而且各级官府设置重复，机构空前庞大。但是，这有利于皇帝直接掌握用人大权，可以随时提拔官阶较低而有才能者担任要职，也可随时撤换无能之辈。在宋朝，包括宰相在内的所有官职基本上都是临时职务，中书令与尚书令一样，皆为荣誉头衔，只有进入关键部门、跟随皇帝身边或接受重要差遣，才是掌管实务实权的显官。

在元朝，中书省掌管全国政务，地位高、职权重，是上承天子、下总百司的中枢机构。尚书省则时置时废，门下省不再设置，因此中书省相较于前代而言，其重要程度和地位提高了许多。明朝彻底废除三省，但是六部制却一直沿袭到清朝末期。

总体来看，三省六部制的创立，有利于各个部门在皇帝支配下分工协作管理国家，三省之间既有分工又有合作，从而发挥互相制衡与权力监督的作用，提高中央政府的行政力量和国家治理效能。各部门之间既相互牵制，又协调运转，最终有利于加强中央集权，是中国古代行政管理制度的重要创举。

三、如身使臂的郡县制度

中国古代的地方政治制度主要包括郡县制度和乡绅制度，总的治理宗旨是权归于上、听命帝王，颐指气使、政令畅通。

郡县制度是伴随着中央集权政治体制的加强而形成的。中国古代的君主为了实现中央对地方的有效管制，设立郡县制，顾名思义，就是以郡一级统领县一级的两级地方行政制度。这一制度始于春秋战国时期，秦始皇大一统后在全国推行，基本上被历朝历代所承袭。

春秋时期，秦、楚等国在兼并其他小国之后，为便于统治和管理，不再将土地分封赏赐给王室子弟和功臣，而是设县制，由君主直接任命地方长官进行治理。县的数量增多后，国家的税收和兵源也大大增加，国力也随之增强。随后各个国家开始仿效，县制也就逐渐推广开来。相对县来讲，郡制出现时间较晚一点。

秦朝建立统一的国家之后，秦始皇召集大臣们商议地方建制问题。当时，大臣们主要形成了两种具有代表性的观点：一种观点以王绾为代表，极力主张分封制，封赏皇子、宗族和功臣到边远之地，治理一方，确保国家稳定；另一种观点以李斯为代表，强烈建议郡县制，由皇帝直接任命地方长官以便于统治。秦始皇认为分封制易导致地方割据，不利于国家稳定，最终决定采用李斯的建议，在全国推行郡县制。秦朝时把全国划分为36个郡，后来数量增加到40多个，每个郡下设若干个县。秦郡设立郡守、郡尉、郡监三长官。郡守为一郡之长，主要负责管理该郡的行政事务；郡监负责监察事务；郡尉则负责辅佐郡守，并掌管军事。秦朝时，根据户数多少区分大小县，最高长官也有不同称谓，比如一万户以上的为大县，长官称县令；一万户以下的为小县，长官称县长。县令、县长负责掌管全县的治安、刑讼及赋敛徭役等事。县令、县长之下设县丞一名，负责管理文书、仓库和监狱事务。另外还设立县尉，负责掌管军事。郡和县的长官均由中央任免，领取朝廷俸禄。废除世袭制，有利于加强中央对地方的统治。郡、县的行政权、兵权与监察权是分开的，防止地方长官大权独揽，从而避免地方脱离中央管辖，有利于维护地方稳定和国家统一。秦朝创立的郡县制度，为历朝历代所承袭，虽在行政建制和具体名称上有所变化和发展，但职能设置基本相同。郡县制在中国古代政治制度史上具有深远的影响。

汉朝初期，既存在郡县制，也存在封国制。汉高祖刘邦认为，废除分封制是秦朝灭亡的一个重要原因。因此，刘邦广泛分封诸侯王，不仅有皇家子弟，也有开国功臣。当时的分封国几乎占去了汉王朝的一半疆域。随着分封国社会经济的恢复与发展，实力也不断增强，逐渐与中央离心离德，对中央政权构成严重的威胁。很快，汉高祖便开始消灭不同姓氏的诸王，以皇室子孙代替。汉文帝和汉景帝的时候，开始削去诸侯王国的土地与行政权。汉武帝时期，分封国这一问题才得到基本解决。当时的大臣主父偃向汉武帝刘彻建议实行“推恩令”，即改变过去封地和爵位只能由嫡长子（正室妻子所生的第一个儿子）继承的制度，允许诸侯王自行决定将封地分给几个儿子，建立较小的侯国。这一规定表面上是施行恩惠，实际上是将诸侯国越分越小，从而加强了中央集权。

在汉朝，郡是地方行政重心。汉朝设立的郡有 100 多个，每个郡管辖 10 到 20 个县，全国大约有 1000 多个县。汉朝的郡，大致分为三辅郡、普通郡、边郡和诸侯王国四种，还有与郡同级的行政区西域都护府。三辅郡即京师及附近地区，其地位高于外郡。普通郡在内地，以治民为主要职责。边郡则在边疆地区，以治兵戍边为主要职责。诸侯王国即封国，诸侯王留在京师，王国由相来治理，在管理职能上与郡太守无异。汉朝的郡，设郡守（太守）一员，掌管行政权、财权、司法权和部分军权，实际权力较大。由于郡守在地方政务处理中发挥着重要作用，因此汉朝对郡守的任命和选拔是格外重视的。郡守下设都尉，负责军事；郡丞、长史辅佐郡守处理财政、民政、诉讼等政务。郡以下设县，县是贯彻和执行中央政府政策的基本单位。县里设县令或县长，并有县丞和县尉辅佐民政和军政。

魏晋南北朝时期，由于政治局势动荡，地方行政制度也非常混乱复杂。直至隋朝重新统一全国后，在地方实行州、郡、县三级行政体制。当时的大臣杨尚希看到全国的州郡设置太多，地方官吏数量泛滥，导致国家财政紧张，于是建议隋文帝减少州郡数量，隋文帝接受这一建议，废除了郡，实行以州统县，确立州、县两级制。隋炀帝时则废除州，恢复郡县两级制，郡设太守，县设县令，重新收回郡、县行政长官及其下属官吏的任命权，并由吏部对地方长官进行考核。同时，对地方长官也有籍贯要求，县丞、县尉等必须回避本地，且每隔三或四年就要进行轮换，已经任命过的不得再次担任。此外，还实行军民分治，郡太守不再掌管军事，而是专掌民政，郡尉专掌军事。通过这一改革，中央集权得到了大大的加强。

唐朝继续使用隋朝的制度，在地方实行州、县两级制。州按照户数多少划分为上、中、下三级，大于10万户的称为上州，2万至10万户之间的称为中州，低于2万户的称为下州。县也根据户数划分为上、中、下三等，大于6000户的称为上县，3000至6000户之间的称为中县，低于3000户的称为下县。州在唐朝地方行政体制中占有重要的地位，州的长官为刺史，皇帝非常重视对刺史的选拔和任命。唐太宗将刺史的姓名录于屏风之上，反复观视，以提拔任命合适的人选。可见，唐朝最高统治者非常重视把州长官培养为亲民之官，树立中央政府在地方百姓心中的形象，以利于维护政局稳定。

宋朝时，统治者吸收了唐末和五代十国的教训，加强中央集权。

当时采取了三级地方行政制度。路是最高一级政权。在路这一级，设置经略安抚使一人，主要负责全路的军事事务，兼理民政事务；设置转运使一人，负责地方财政事务，收取税赋并上交中央，后来职权渐重，成为行政长官；设置提典刑狱一人，负责诉讼事务；设置提举常平一人，负责管理常平仓救济、农田水利等。这四种官均是由中央派到地方以监管指挥地方军、政、刑、财的，相互监督和制衡，便于皇帝统治。路下设府、州、军、监，都是直属于中央的同级政权，分别设置知府、知州、知军、知监为长官，这些地方长官的任免权均在中央。为了防止武官在掌握兵权后割据一方，长官一般都由文官充任。县是最低一级政权。宋朝时，县也有府县、州县、军县、监县之划分，根据户数多少区分等级，长官称县令或知县，负责全县事务。

元朝地方行政制度的一个重要变化在于增设了行省建制。元朝统一全国后，为了治理广大的疆域，仿照金朝设立行尚书省制度，后来尚书省并入中书省，全国的地方行政机构也改称为行中书省，简称行省或省，元朝便形成了省、路、府（州）、县四级地方行政制度。行省的长官由中央委派，具有代表中央处理政务的权力。作为对郡县制的发展，行省制也被明朝和清朝所承袭，对中国古代的地方行政体制产生了重要影响。

自秦始皇在全国实行郡县制以来，这一地方行政制度便为历朝历代所沿用。尤其是县的名称，一直传承延续至今。郡县制在中国古代的政治制度中变革最少，主要是因为中央可以借助这一制度有效地控制地方，加强中央集权，有利于中央对地方的垂直统治。然而，在郡县制运行中，中央与地方始终存在着较为紧张的关系，中央倾向于集权，实现对地方的有效统治、管辖与监督，而地方则希望有更大的管理自主权。为了维护中央集权，历朝历代君主总是采取各种措施限制地方权力，防止地方势力过于强大而同中央离心离德，确保中央政令能够得到贯彻执行。总的来看，这项制度有利于加强最高统治者的权力，保证中央政府对地方的有效管辖。但是，由于地方行政机构在行使权力时受到诸多限制，不能充分行使职权，所以治理的积极性不高。

中国古代基层治理的一个依靠是乡绅制度。乡绅是在中国古代社会复杂的历史背景下形成的一个特殊阶层，主要由科举考试中落榜的文人、受过文化教育的地主、因高龄退休或生病休养而长期居住家乡的官员，以及宗族的族长等人员所组成。乡绅中的一部分人由于具有较高的德行声望，被当地民众所尊重，这部分人被称为乡贤。

中国古代的科举制度，是乡绅阶层形成的重要推动因素。在古代科举制度下，乡绅具有“士”和“仕”双重身份。在古代社会中，社会地位是按照“士农工商”的顺序进行排列的，一个人想要获得较高的社会地位，就需要通过读书考取功名，而读书之人被称为“士”。但是，科举制度的选拔和淘汰机制，使得许多读书人没有机会进入官僚系统，他们回到乡间，凭借学问和威望取得了百姓的信任，拥有了处理民间公务的话语权，这就相当于“入仕”了。因此，这些科举落榜的读书人，是乡绅的重要组成部分。

乡绅在古代的乡村社会中发挥着重要的管理作用。乡绅并非行政人员，也不拥有行政实权，但是在乡村治理中却具有较大的权威性。在皇权只能达到县一级的中国古代社会，这些乡绅实际上维护着广大农村地区的社会秩序，以士绅身份，承担着不可缺少的社会管理职能。地方官吏拥有治理地方事务的合法权力，但是，地方官吏往往还要听取地方乡绅的重要意见。朝廷任命的地方官吏，在贯彻执行中央政府的政令时，必须调动乡绅阶层的积极性，依靠他们的辅助才能有效地完成各项任务。在传统官、绅、民的基层社会结构中，乡绅处于上通下达的中介地位。一方面，乡绅可以向下传达统治者的政策，对百姓进行宣传和动员；另一方面，乡绅也可以将民意上传反映给官府，从而有利于官府做出较为合理的决策。从这种意义上来讲，乡绅阶层在一定程度上填补了国家权力的空隙，成为维护基层社会稳定的重要力量。

乡绅阶层在乡村文明建设中发挥着重要的作用。在中国古代的农耕社会中，乡绅是享有文化和教育的阶层。为了使乡村基层和民众能够接受统治者的思想教化，从汉朝开始，统治者就开始用“乡约”教化和约束百姓。到了明清时期，这一制度得到不断完善，清朝康熙皇帝为了教化和引导乡民，促进基层稳定，专门制定和颁布了《圣谕十六条》，规定在乡村社会中每隔半月宣讲一次。这一任务不可能单靠地方官员完成，还需要乡绅们的密切配合。乡绅在传达和落实来自上层的指令过程中发挥着重要作用，宣扬了统治阶级主张的社会道德规范，维系了乡村社会的文明秩序，发挥了基层社会稳定器的作用。

乡绅作为乡村社会治理的中坚力量，推动着地方各项公共事务的建设。乡村有较大的工程建设时，比如修路架桥、寺庙修缮、跨区域的大型水利工程等，虽然官府会进行协调，但是在实际执行中离不开乡绅的具体运作。此外，乡村的教育事业也经常有乡绅参与。乡绅阶层在很大程度上与科举制度相关联，部分乡绅人士受益于这一制度，他们出于对科举考试与文化教育事业的重视，往往热心兴办学校、创办私塾，发展教育。此外，乡绅阶层在乡村社会中具有较高声望，因而在乡村邻里发生纠纷时，还往往扮演着调解与仲裁的角色，能够有效化解乡村矛盾。

总体而言，在中国古代乡村社会中，乡绅阶层虽然没有获得统治者赋予的法定权力，但是在皇权不下乡的古代社会结构中，乡绅实际上扮演着管理乡村、教化乡民的重要角色。乡绅阶层既是传达上层政治意图的代理人，又是反映下层民众民意的代言人，在很大程度上补充了地方行政力量的不足，填补了国家权力在乡村社会的空隙，维护了基层社会的秩序。

四、柔远能迩的理藩制度

自秦统一以来，中国成为一个多民族的国家，形成了包括少数民族在内的中华民族，形成了延传几千年的中华文明。在中国历史上，各朝各代大都是开放的，对文明交流海纳百川，对异域文化洋为中用。中华文明以博收广纳、兼容并蓄、聚合四方的磅礴力量，变得更加博大精深、源远流长。每个朝代的统治者都倾向于通过文教礼乐的手段和安抚的政策，达到天下和谐与安宁。在执政过程中，中央政府不仅需要处理与边疆少数民族的关系，也要处理与其他国家的关系，这就有了理藩制度和对外交流制度。

从秦汉至明朝，历朝历代未曾设置过专职机构管理少数民族事务。虽然在秦代有“典客”“典属国”，汉朝有“大鸿胪”“客曹尚书”，隋唐时期有“鸿胪寺卿”及礼部所属之“主客司”，元朝设置宣政院对全国佛教事务和西藏军民政务进行管理等，但是直到清朝设立理藩院，才有了管理少数民族事务的中央专职机构。

清朝是古代中国最后一个王朝，为了管理边疆少数民族地区事务，清朝建立了理藩制度，设了理藩院，作为中央政府专管蒙古、西藏、新疆等地少数民族事务的中央机构。在行政级别上，理藩院与六部同级，与都察院、翰林院及六部合称“在京部院”。

理藩院的前身是崇德元年（1636年）皇太极设立的蒙古衙门，设立之初是为了负责处理蒙古事务。崇德三年（1638年），蒙古衙门更名为理藩院。随着清王朝统治疆域的不断扩大，理藩院成为统管内外蒙古、察哈尔、青海、西藏、新疆以及西南地区土司各少数民族事务的专职机构。同时，理藩院也负责处理一些涉外事务。

理藩院的职官，开始时设立承政一员，左右参政各一员。顺治元年（1644年）改承政为尚书，改参政为侍郎。顺治十六年（1659年），理藩院尚书、侍郎兼任礼部官衔。康熙皇帝即位后，认为理藩院因掌管外藩事务，职责非常重要，所以附属于礼部并不合适。为了加强民族事务的专门管理，他下令理藩院不必兼礼部头衔，并规定理藩院的行政建制应与六部相同。同时，理藩院尚书可以参加议政。乾隆时期，理藩院组织机构逐渐完备，共设旗籍司、王会司、典属司、柔远司、徕远司、理刑司及其他职能机构。此后这一组织形态未有大的变动，直到光绪三十二年（1906 年）进行官制上的改革，理藩院更名为理藩部。

理藩制度是中国统一多民族国家不断发展的产物。清军在还没有入主中原地区时，便设立了蒙古衙门，与蒙古结成政治和军事同盟，从而稳定了大后方，并顺利进入了山海关内。统一全国后，清朝在蒙古衙门的基础上成立理藩院，大大加强了中央政府与蒙古、新疆、西藏等少数民族地区的政治经济文化联系，促进了各民族之间的密切交往。在这一时期，边疆地区也经常有部落发生叛乱，对国家统一构成了严重威胁。理藩院在长期处理少数民族各种复杂事务的过程中，职能趋于完备。

清朝理藩院的职能主要有以下三个方面。

一是理藩院具有民族事务管理职能。理藩院属于中央政府层面的行政机构，专门负责管理少数民族事务。在官员配备方面，清朝统治者破格选用满人大学士担任官职，这足以体现出理藩院的重要程度。在具体民族事务管理方面，理藩院主要负责：其一，管理会盟事务。清朝时期的蒙古地区设有许多“盟”和“旗”，这些“盟”和“旗”是政治组织、军事组织和社会组织的统一体。会盟是适应蒙古各部居住分散的特点而形成的，将一旗或多旗合为一盟，在指定地点会盟。每个盟设一名盟长，处理会盟政务。理藩院就是清朝统治者借以管理各盟旗的正式机构。其二，稽查户丁。《理藩院则例》规定，蒙古地区 18

至 60 岁的人口皆应登记入册，一旦发现地方有虚报户口、隐瞒人丁的行为，则会对其进行惩罚。其三，征收税款。由于边疆少数民族地区的征税标准不一，乾隆时期决定将少数民族地区征收税款的权力收归中央，由理藩院派官员专门负责。

二是理藩院具有宗教事务管理职能。清朝时期，漠南漠北以及卫拉特蒙古、西藏等地区均为藏传佛教盛行的地区，因此，对清朝统治者而言，既要善于利用宗教力量加强对当地的统治、巩固清王朝政权，又要防范其他势力借宗教名义插手民族事务、破坏边疆稳定。清朝专门负责管理藏传佛教事务的机构便是理藩院。

三是理藩院具有处理涉外事务的职能。理藩院设立时，负责处理部分涉外事务，主要是兼管位于西、北两个陆地方向的与清朝相邻国家的外交事务。其中，处理对俄国的事务是理藩院的重要职责之一，主要包括三个方面：其一，调解两国的外交纷争。康熙二十二年（1683 年），俄国对中国黑龙江流域的侵略范围不断扩大，严重扰乱了中国边境地区的秩序，康熙皇帝命令理藩院给俄国出具书面信函，要求予以解释。其二，负责两国的贸易往来。当时中俄贸易点有三处，分别为京师互市、黑龙江互市和恰克图互市，理藩院则负责中俄贸易活动的管理。其三，管理长期在京的俄国人员。清朝时期，居住在北京的俄国人主要有战争俘虏、商人、传教士以及来华学习的学生，理藩院需要对这些人员进行管理。

理藩制度的设立，对于维护清朝统治和多民族国家统一发挥着巨大的作用。清朝是中国古代历史上民族大融合的重要时期，理藩制度的创建，尤其是理藩院作为中央专管少数民族事务的正式机构，对促进多民族统一、维护边疆地区稳定具有不可磨灭的贡献。理藩院对中国北部的管理，有效维护了边疆地区的安宁。同时，理藩院注重运用法律管理少数民族地区事务。清朝为了加强对少数民族地区事务的管理，专门制定了《理藩院则例》。这一民族法规具有体系庞大、内容丰富、适用范围广泛的特点，它详细规定了少数民族地区政治、经济、军事、宗教、司法等方面的内容，体现了清朝在民族立法方面所取得的成就，为依法管理民族事务提供了重要经验。

总体而言，理藩制度的建立是清朝处理少数民族事务的有效举措，对于维护清朝统治具有重大意义。这一制度是在清朝多民族融合统一历史中发展起来的，同时，它的建立和完善，又推动了清朝统一多民族国家的不断发展。

五、恩威四海的外交制度

中国古人最初认为天下有华夏和蛮夷之分。在周朝，王室和它的分封国是华夏，除此以外都是四海的蛮夷。君主治理国家，就是要用先进的文明感化其他族群，让他们归附自己，只有蛮夷进犯作乱才征伐消灭他们。统一秦帝国的建立，奠定了与四海蛮夷来往的新秩序。

秦汉时期的中国是开放的。秦始皇到北方去征讨匈奴、巡游边疆，有寻找天下边界的企图。当时的中国深刻影响了今天朝鲜半岛的文明。日本列岛的百余个国家中，有 30 多个小国与汉朝有互派使者的关系，水稻、铁器、丝帛等传到日本，日本考古发现的一些工具、器皿的制作也同汉朝相似。越南与古代中国的关系更是紧密，秦始皇三十三年（公元前 214 年），秦军征服南越，设立三郡，其中象郡就在越南北部。在汉朝，铁器、农耕技术、水利技术也传到今天的越南半岛。

秦汉时期，对外交往的盛举是张骞两次出使西域和“丝绸之路”的开辟。汉武帝建元二年（公元前 139 年），张骞率领 100 多人首次出使西域，初衷是联合大月氏共同夹击匈奴，虽然没有完全达到目的，但打通了汉朝通往西域的“丝绸之路”。张骞还将其亲身游历葱岭、中亚、西亚，以及安息（伊朗高原古代国家）、印度诸国的地理和人文等情况向汉武帝作了说明，开阔了汉朝统治者的对外视野。元狩四年（公元前 119 年），汉武帝派张骞率 300 多名随员，携带金币丝帛等财物数千万，牛羊万头，第二次出使西域。此行访问了中亚的大宛、康居、大月氏、大夏等国，带去了丝绸、瓷器、造铁等技术，西域各国的葡萄、石榴、胡麻、苜蓿等植物随之传入中国。各国从此经常互派使者，双方贸易得到发展，“丝绸之路”上出现了邮驿和商客繁忙的景象。

张骞通西域，印度的佛教获得传入中国的通道。汉朝统治者对异域文化并不排斥，有的还充满好奇。东汉明帝特派官员到天竺迎取佛经，在西域碰到了两位天竺高僧，就用白马驮载佛经、佛像同返洛阳。汉明帝隆重接待，专门下令“白马寺”作为译经僧院，在此译出了中国第一部汉译佛典。

魏晋南北朝是战乱分裂时期，但海陆交通却有很大改善，对外交流更为发达和自由。东晋高僧法显在 65 岁高龄时从长安出发，经西域到天竺取经，历时 14 年归国，还将西行见闻写成了《佛国记》，第一次对信风和航船进行了详细描述记载，丰富了东汉与印度、波斯等国的海上贸易经历。

佛教作为异域文化传播到中国后，统治者的态度大都是宽容的，有的还予以支持，免除僧院赋税徭役，甚至引以为官方信仰。但是，历经北魏太武帝、北周武帝、唐武宗、后周世宗的“灭佛”运动，强化了佛教必须尊重皇权的政治原则。

隋唐时期对外交往活跃。唐太宗宣扬“四海一家”，打破了传统的“华夷分界”偏见，被尊称为“天可汗”。贞观元年（627 年），唐僧玄奘西出玉门前往印度，到佛教中心那烂陀寺求取真经。17 年后他回国，受到唐太宗的隆重接见。玄奘著成《大唐西域记》12卷，记述他亲身经历的110个国家及传闻的28个国家的风土人情，推动了中外文化交流。天宝元年（742年），日本僧人邀请唐僧鉴真到日本弘法，鉴真先后6次东渡，终于在天宝十三年（754年）到达日本，他带去了大量书籍文物，为中日文化的交流做出了贡献。

宋朝文化高度繁荣，重文轻武。当时北方并存着强大的辽、金等政权，他们不断骚扰宋朝的边境。宋朝采取和、战、守的弹性外交，订立了自古以来最多的和约，规范外交礼仪，交换使节，在边界开设榷场贸易，保持着经济文化的开放性。

元朝对外文化交流呈现出新局面。大蒙古国地跨欧亚，许多外国商人和文化人来往频繁。其中意大利旅行家马可·波罗最为有名，《马可·波罗游记》记述了他在中国的所见所闻，激起了欧洲人对东方的热烈向往，对以后新航路的开辟产生了重要影响。

明朝奉行对外"不侵占"的和平外交政策，基本上也是开放的。郑和七次率船队下"西洋"，一方面显示国力强大，提高了明帝国的威望和地位；另一方面宣扬国家之间和睦相处，促进了中外文明的交流。郑和的船队将中国的丝绸、瓷器、茶叶等传到西方各国，而西方的大象、犀牛、长颈鹿、狮子和宝石、珊瑚、胡椒以及香料等物也随船队来到中国。

中国的闭关锁国源自倭寇侵略。倭寇是对13世纪到16世纪左右侵略朝鲜、中国沿海各地和南洋的日本海盗集团的泛称。元末明初，倭寇到中国沿海地区进行武装走私和抢掠骚扰，中国采取了海禁政策。为防止沿海反叛势力与倭寇私通，明洪武帝颁布了"禁海令"。

清朝建立后延续禁海令。顺治十八年（1661年），朝廷进一步下达"迁海令"，强迫海岛和沿海居民内迁30至50里，并且设界，不得逾越，以保证"禁海令"的施行。到了康熙二十二年（1683年），台湾郑氏降清，次年康熙帝废止海禁，开放海上贸易，与日本以及东南亚的商贸往来逐渐增多。

顺治至康熙初年，欧洲的荷兰和英、法、葡萄牙等国，相继与清朝建立贡市贸易关系。但是，清政府担心外商贸易会危及沿海治安，所以乾隆帝时再次厉行限制对外贸易。乾隆二十二年（1757 年），清廷下令外国船只只能在广州收泊贸易，仅由广州十三行负责与外商从事进出口贸易，并代表清政府与洋商交涉。这是清廷针对外国资本主义势力厉行的闭关锁国政策。乾隆二十四年（1759 年），制订实施了《防范夷商规条》，规定了“防夷五事”，使闭关政策形成为国家制度。

清朝是游牧民族建立的王朝，同时面对着汉文化和西方文化的碰撞。随着统治日深，清朝最高统治者认为，儒学是“道”，西方科技是“术”，应崇尚“道”而不必重视“术”。乾隆时期，清朝统治集团彻底汉化。乾隆把“康乾盛世”推向顶峰，他对中国传统文化的优越性的自信也到达极致。在他的视野里，大清是世界的中心，所有的外国都是外族蛮夷，科学技术都是过于奇特巧妙而没有益处的技艺，不足以学习借鉴。文化的狭隘主义和封闭主义决定了清王朝必然与西方决一死战，其结果就是鸦片战争失败，中国有了一段被西方资本主义侵略奴役的悲惨历史。

六、尚德选能的任官制度

治国必须要依靠一支高质量的官员队伍。在古代中国的夏商周时期，实行血亲贵族政治，不可避免地形成了社会板结和腐败现象。

春秋时期，列国争霸，贤人政治备受推崇，血亲贵族政治逐渐被淘汰，以贵贱论出身的社会偏见被打破，不拘一格选用人才成为一条重要的治国经验。正是选贤任能的一系列举措，催生了一批批社会各阶层崛起的士官将相，推动了由分裂走向一统的历史进程，形成了统一的秦帝国。

秦汉以来，统一的多民族国家建立后，越来越注重从社会各阶层吸收精英分子充实官员队伍，以确保治理能力和质量。汉初开始实行察举制度，由在朝高官推举贤良方正之士，经过一定的考察考试后，纳入管理队伍行列，不仅带动了社会阶层的流动，还对官员素质的整体提高有所促进。

汉高祖十一年（公元前 196 年），皇帝刘邦下诏，要求各地方郡守察访乡间名声品德卓著的人，并将这些人的事迹、状貌、年龄等文书材料亲自送到中央供考察使用。如果哪位现职者发现了贤才而不举荐，就予以免职。汉武帝时期，察举选官制度正式确立起来。对于荐举出来的对象，汉武帝都高看一眼，会提出一些治国和经义方面的问题进行考核，叫作“策问”，应举者回答朝廷提出的问题，叫作“射策”或“对策”。董仲舒就是以贤良方正连对三策而被录用的，官位达到宰相的公孙弘也是通过应答策问步入仕途的。

从汉武帝起，察举科目逐渐增多，主要有孝廉（孝敬廉洁者）、秀才（才能优秀者）、明经（通晓经义者）、贤良方正（有品行且能直言极谏者）等，分为“常科”和“特科”两大类。“常科”即“孝廉科”，由地方长官根据属地人口比例，推荐“孝子廉吏”到中央参加考试，合格者授予官职。“特科”是为不定期挑选有优异品德和特殊才能的人而设。在数百年实施过程中，察举制突出了“以德取人”“以能取人”“以文取人”等考选官员的价值取向。

汉武帝以后崇尚儒术，官僚多是因为通晓经义儒术而起家的。由于重视儒学，有关测试就渐渐成了察举制中的一个关键要素。不过，汉朝察举制下的考试，在西汉时并不占主导地位，考试只是区分人才高下、授官大小的参考，这与后世以考试为主导的科举制截然不同。但是，在推荐基础上加强考试，成为汉朝察举制发展的新趋势，一个基本目的就是为纠正察举荐人之滥，因此，荐举为主、考试为辅始终是两汉察举制的基本特点。随着历史演进，从曹魏朝以后，孝廉不仅重在品行，也要有经学修养，选官标准悄然向考试过渡。

西汉中后期，土地兼并严重，逐步形成官僚、商人、地主三位一体的豪强地主势力（即门阀士族）。东汉政权就是在门阀士族的支持下建立起来的，门阀士族享有政治、经济以及文化上的种种特权。他们把持中央和地方权力，大肆兼并土地，经营庄园经济，渐成割据势力。东汉末年起，门阀士族滥用察举制，荐举的人员名不副实。在此背景下，曹操提出“唯才是举”，提倡凡是举荐对象都必须有才干、有才干者就会被举荐。从建安十五年（210 年）起，他连发《求贤令》《举士令》《求逸才令》，迎合了广大中小地主及知识分子参与政治的迫切愿望。曹操之后，曹丕建立曹魏王朝，为了缓和与门阀士族的矛盾，确立了家世、道德、才能三者并重的“九品中正制”选官。

以“九品中正制”充实和改进察举制，具有一定的历史进步意义。这是因为，察举选官制度把宗族和乡里的评价作为政府选拔官吏的最重要依据，九品中正制同样沿袭了乡里评议的传统，但又把评议权，也就是官员选任权，通过“中正”收归政府，这就在一定程度上抑制了门阀士族专权。此制规定，在各州郡选择“贤有识见”的官员任“中正”，中正从家世、道德、才能三个方面把人分成上上、上中、上下、中上、中中、中下、下上、下中、下下九等，作为吏部对等授官的依据。但是，这种积极作用又极其有限，因为充当仲裁的“中正”大都是门阀士族，他们实际上把持着官吏选拔之权。

九品中正制作为选官制度，下接科举制，在魏晋南北朝时期施行。察举选官的办法与之并行，但退居次要地位。由察举制度进入官场的人，须经过“中正”评定高低，这等于对当官者的成分、升迁、地位等附加了明确的限制。此后的察举制仍以举荐为中心环节，而当中有所变化。除岁科和常见的特科继续延设外，不时增加了许多特诏科目。察举的对象由原来的文吏和儒生两种融合为儒生一种。从成员上看，下层人士通过察举当官的人约占了一半，高官子弟要做官多不再通过察举，而是通过走“中正”之路。但是，到南北朝时期，九品中正制带来了门阀士族的盛极而衰。门阀士族只愿意做职位清闲、俸禄优厚的“清官”，职务繁重、俸禄微薄的“浊官”就自然让位给甘于勤政廉政的寒门庶族了。南北朝后期的不少开明统治者，像北朝名臣苏绰、南梁武帝萧衍等，摒除门户家资偏见，逐渐将选官本位拨转到治学通经上来，为确立科举取士制度、大兴文化精英官制铺平了道路。

研究古代科举制的当代学者刘海峰教授引述日本历史学家原胜郎的评价说，“中国千余年来进行科举考试，历朝逐次加以改良，绝非可以嗤笑之物。就通过公开考试广泛选拔人才而言，中国文明可以说远远领先欧美各国，科举制度造就了中国文明，它是中国文明的顶峰。”

公元 589 年，隋文帝杨坚统一全国，结束了 300 多年的战乱分裂，随即下诏偃武兴文，通过考试取士的科举制度建立起来。据历史记载，隋炀帝大业元年（605 年）设置进士科，科举制诞生。

唐朝承袭隋制，科举制进一步完善实施。唐太宗为了扩大科举生源，大力兴办学校教育，把国子监建为全国最高学府，领国子学、太学、四门、律学、书学、算学等六馆，同时鼓励地方政府和私人开设学馆。唐朝考试科目分为常科和制科两种。常科每年举行，总共有秀才、明经、进士、明法、明书、明算等 50 多种，其中明经、进士两科最为主干。学馆的学生可直接报考，不属于学馆的人先向州县报考，经审定合格者再由州县送到中央参加考试，考取者称为“及第”。考试内容突出经义和时务，其中明经科注重经义，进士科注重时务策论和诗赋。及第的人只是取得了任职资格，还需吏部官员对其身（体貌）、言（口才）、书（书法）、判（文理）四种能力进行测试，合格者方可任用。

制科考试源于汉朝的射策，由皇帝临时立定名目，是唐朝规格最高的考试，其程序比一般科考繁琐。参加制科考试的考生，也是由全国各地推选出来的，可以是普通百姓，可以是已获得进士、明经及第的人员，也可以是在职官员。先进行一次预试，再由皇帝亲自出考题，由朝廷下“制”书，根据一定历史时期国家工作的重点难点，有针对性地选拔人才。制科考什么、什么时候考，由皇家随时标立名目而定，都是着眼于实际需要选官，考试内容主要是“时务策”。制科考中者，是在职官员的可立即升迁，不是在职官员的由吏部授予做官的资格。制科有时就在皇宫里考试，而且皇帝会亲自到场，因此制科及第者被称为天子门生。

科举之中还有一些特殊种类，例如童子举，由 10 岁以下的儿童应试，这是由察举制的童子科发展而来的。童子科旨在发现“神童”，宋朝文学家晏殊就是 14 岁中童子科，后官至宰相。

中国唯一的女皇帝武则天还设置了武举。则天顺圣皇后长安二年（702 年），兵部主持武举考试，设马射、步射、平射、马枪、负重、摔跤等考试科目，并对考生相貌提出要求，躯干雄伟能当将帅的人才可参加考试。宋朝的武举还要加试军事策略，比如孙子兵法等。到了明朝，武举把军事谋略置于军事技术之上，如果答策笔试不及格，就不能参加武试。清朝统治者出身于游牧民族，善于骑射，因此对武举比前朝更加重视。清朝武官虽仍以行伍出身为正途，武举出身的次之，但武举出身者数量不断增大，在军中占有相当比例，民间习武之风兴盛一时。

继承唐和五代，宋朝的科举制度出现了不少创新。其一，考试科目逐渐固定。总的看，宋朝科举以常科贡举为主，特科微乎其微。其二，考试内容逐渐专注。为突出和巩固儒学的意识形态地位，同时为朝廷造就和选拔经邦济世人才，宋朝科举以经义为主，诗赋文学日益被边缘化。其三，考试形式逐渐严格。宋朝不准考生与主考官之间再有学生、老师的关系。正式采用糊名制度，把试卷卷首的考生姓名、籍贯和初定等第都封住或者裁去，以防评卷官徇私作弊。其四，考试文风逐渐转变。形成了以平易流畅为特征的宋朝文学风格，奠定了宋及后世各代文学风尚。其五，考试周期逐渐明确。正式确立了殿试制度，由此形成州试、省（礼部）试、殿试三级考试制度。明确提出三年一大比，就是三年举行一次，通过殿试的第一名称状元。沿至明、清两朝，考试分为四级：第一级童试，包括县考、府考、院考三个环节，院试合格者，称为秀才；第二级乡试，每三年一次，由各省主持，合格者称为举人；第三级会试，也是三年一次，由礼部在京城贡院举行，中试者称为贡士；第四级殿试（又称廷试）。各级考试均有名额限制，考生须由最低一级逐级往上考。参加殿试者约 300 人左右，一般在会试后由皇帝亲自在太和殿主持，只考一场，时间一天，凌晨入场，日落交卷。试卷先由读卷大臣们轮流评阅，然后按优良分为三甲，再从上等中选出 10 份公认的优秀卷子，进呈皇帝最后裁决。一甲有三名，为赐进士及第，第一名称“状元”，第二名称“榜眼”，第三名称“探花”。二甲一般有 20 名左右，为进士出身，二甲第一名称“传胪”。其余的均为三甲，为赐同进士出身。殿试后，皇帝亲自用红色的笔填写一甲的状元、榜眼、探花这三个人的名字，并决定二甲前七名的顺序。这些名字会书写在金黄色绢子制成的“金榜”上公布，这就是“金榜题名”。

明朝科举中出现了进士观政和庶吉士制度。庶吉士制度逐渐成为朝内高官职前培训制度，与培养中级官员的观政进士制度、培养低级官吏的监生历事制度具有同样作用，后出现非进士不入翰林、非翰林不入内阁的现象。清朝的庶吉士制度更加严格和完备。殿试成绩公布三日后，新科进士要在保和殿参加一次朝考，按照复试、殿试、朝考的等级总评选择庶吉士，此即皇上“点翰林”，成为科举时代的最靓丽之处。

从考试的内容和形式上看，总的演变趋势越来越制式化。明宪宗成化年间（1465 年—1487 年），经多名经学大臣提倡，考试形成比较固定的八股文形式。顺治三年（1646 年），清朝开始沿用明朝八股文进行科举取士。八股文题目一律用四书和五经的经典原文，考生必须以程朱学派的注释为思想准绳，体裁结构固定，即由破题、承题、起讲、入题、起股、中股、后股、束股等 8 个部分组成，字数为 500 至 700 字，且须按规定格式书写，这就自然成了迂腐言论、呆板文章，被有识之士深恶痛绝。这种制度规定一直沿用至清末，扼杀了读书人的创造力，越来越束缚了思想文化的创新力。从戊戌变法到清末新政，科举制首当其冲成为变革目标。1904 年，清政府举行最后一次科举。1905 年，整个科举制度体系被废除。科举制的废除在制度上，特别是从文化内容上，把读书人从僵化的考试枷锁中解放出来，使其睁眼看世界并学习先进的近代科学技术，是符合历史潮流之举。但是，主要的选官制度从此中断，历史上形成的文化精英一下子无法纳入体制之内，于是一些进步知识分子选择走上了革命的大道。

七、纠察考绩的官员监管制度

科举制与意识形态管理高度吻合，再加上旨在维护清明政治的台谏制度、巡视制度，以及重实绩、兴德政的官员考绩制度，这些制度有力地保障了皇族之外统治力量的清廉能干，使得中国几千年来基本能够做到政令通畅、社会稳定发展，从而成就了世界上少有的千年文明大国。下面就分别介绍台谏制度、巡视制度、考绩制度这三种中国古代官员监管制度。

英国阿克顿勋爵曾指出，“权力导致腐败，绝对权力导致绝对腐败。”中国古代在中央政府实施台谏制度，目的就是防止权力滥用。御史大夫、御史中丞、侍御史、殿中侍御史、监察御史等，因主要在御史台工作，所以被称为“台”官，是监督官吏的官员。谏议大夫、拾遗、补阙、司谏、正言等，因主要在谏院办公，所以被称为“谏”官，是劝谏君主的官员。宋朝以后，台谏趋向合一，两个系统的职权开始合并。此后，随着封建专制主义的发展，台谏制度中监察百官的职能凸显，目标在于保证百官勤政廉洁，一心一意为皇帝效劳，从而进一步强化了皇权。

“谏官”又称“谏臣”，是规谏君主过失之臣、劝谏天子过失之官。相传舜帝时，便有“纳言”一职。这种纳言之官，可直接向君主反映下情，是谏官的初始。春秋战国时，直接以“谏”命名官职，称为谏官。秦朝设置谏议大夫，负责“议论”之责。秦统一全国后，为确保大一统国家健康运行和长治久安，秦始皇对“治官之官”的御史职能建设更加重视，开始构建了比较完整的行政监督机构体系。按照秦朝官制，中央层面设立三公九卿，“三公”分别为丞相、太尉和御史大夫，其中御史大夫是副宰相，主要职责是监察百官。在地方层面，实行郡县制，并在每个郡设置监御史，主要职责是代表皇帝监察地方官吏。由此，秦产生了中央和地方两级监察体系，重点在中央层面，目的是用御史大夫的监察权来制约丞相的行政权，并且保证百官履职到位。

秦朝传到二世，因为皇权独裁专断、朝廷横征暴敛，百姓揭竿而起，王朝猝然崩亡。秦朝勃兴而速亡，给后世的统治者带来极大的震撼。所以，两汉时期很重视发挥谏官匡正君主是非、政策得失的作用。西汉延续三公制，御史大夫相当于副丞相位列其中，但是不再具有监察职责。到了汉朝末年，这个称呼直接变为大司空。另一方面，御史台职能逐渐独立化，作为其最高长官的御史中丞，独立执掌监察权。随着御史机构和人员的日益独立，它的监察权限和事务也日益丰富：一是纠察百官是否存在滥用职权、失职失责等行为；二是监察朝廷权威仪式是否受尊重被遵守；三是监察司法是否照章办事。西汉惠帝三年（公元前 192 年），专门性监察法规——《监御史九条》（又称《御史九法》）出台，在中国古代监察史上地位很重要。

到了唐朝，御史监察制度更为严密。它以御史台为最高监察机构，下设台院、殿院、察院，形成了“一台三院”的监察体制。依据《唐六典》，一台三院分工明确、协作有力。该法详细规定了御史台的员额、品级、权限及其与其他机关的关系。同时《唐律疏议》也是当时御史履行职责的主要法律依据。为保障监察御史外出巡察时有法可依，唐朝也制定了较为完善的巡视巡察法规，即《巡察六条》。

唐朝的谏官制度同样比较完备。由于完整的封驳制度和专职的谏官队伍的出现，谏官制度成为统治体系中的重要组成部分。唐朝有中书、门下、尚书三省，宰相由三省长官担任。谏官多在门下省和中书省。

宋朝沿袭唐朝制度，这一时期最大的特点就是“台谏合一”，即御史台与谏院功能走向整合。宋朝以前，台谏机构分属两个系统，从宋开始，谏院与御史台都掌握了监察权，谏官可以弹劾官吏，而台官也可以行使谏议之权。御史多由谏官兼任，谏官又往往分享御史的职权，谏官、台官渐渐不分，两者合称为“台谏”，这使得谏官专门针对皇帝的过失直言规劝并使其改正的作用削弱了。另外，谏官与宰相、谏院与政府的矛盾也日趋激烈。谏官本来是君权与相权之间的调节：皇帝用宰相，宰相用谏官，谏官又谏诤皇帝。但谏官职权扩大，御史兼领谏职以后，就形成了谏院与政府之间的矛盾，谏官往往不是约束皇帝，而是监督宰相了，其主要任务及制度设置的初衷改变了。谏官对政府官员有监察权以后，就形成了台官、谏官共同纠察政府官员的局面，谏诤皇帝的事情没有人去做了，宰相也不再好借谏官之口向皇帝发表意见，谏官反而成了政府的掣肘。

明朝皇帝加强集权，废除丞相，御史台也退出了历史舞台，而由都察院代替其行使监察职权。“都”是首先、总揽的意思，都察院意味着是最高的监察机关。都察院之下设置各道监察御史（明朝时为十三道，清朝时为十五道），各道监察御史虽然官职不高，一般只有七品，但权力很大。

明朝废除丞相，将其权力一分为六，即按照吏、户、礼、兵、刑、工六部建制。相应地，设置吏、户、礼、兵、刑、工六科给事中，成为独立于都察院之外的另一套监督体系，与都察院合称“科道并行”。这种交叉分工的监督体制，形成了一张横纵交错的权力监督网，有利于明清政府在官吏的选拔、任用、考核环节实施监督。

台谏制度不同于西方三权分立的权力制约体系，这种监察制度特色鲜明，源远流长，有深厚的历史积淀，是古代中国权力运行和治理体系的重要一环。无论是监察制度的设计，还是监察机构的完善，也不论是监察人员的任命，还是监察法制的创制，在当时都不同程度地发挥了制约权力、澄清吏治、减少腐败的功能。

中国古代官员监管制度中的另一种制度是巡视制度。巡视就是最高统治者——君王、皇帝，定期或临时派遣官员到地方全面检查，查看地方政府是否能够贯彻落实上级的指令，以求监察百官、反腐肃贪、察举非法和惩奸除恶等作用。巡视制度历代相沿，萌芽于尧舜禹时代，确立于秦汉，完备于隋唐宋，成熟和强化于元明清时期。

早在尧舜禹时代，自上而下的巡察就已经出现。最高统治者亲自巡狩巡视，以考察各地诸侯或部落的局势、政绩和农业生产情况等，督促地方官吏勤政守职，有利于维护部族间的秩序，加强对各地诸侯或部落的控制，促进中央和地方关系的稳定协调。但是，先秦的巡视没有成为一种常态的制度化行为。

秦汉时期，帝王巡视地方才成为常态。除了常态化巡视，还会临时派遣使臣到地方检查处理一些事务。这种巡视的目的性很强，派去的使者有的是清理冤狱、检查司法，有的是宣慰百姓、检查民政。汉武帝时，创设刺史制度，开始了中央监察官员用巡视的方法监察郡县的先例。汉武帝把全国分为十三部，每部设立刺史一名。作为专职监察官员，刺史监察郡守、国相、诸王不法行为，其巡视对象、范围和方式都有中央的明确系统规定，刺史制度成为古代巡视制度形成的主要标志之一。此外，汉朝还设立了督邮察县制度。郡级地方政府增设督邮一职，隶属郡守，掌管相关县域内的官吏监察。

至三国两晋时期，御史台逐渐独立于其他机构，而归皇帝直属，号称“天子耳目”，有监察四方事务的职责。到了南北朝时期，御史台则完全成为跃出百官之列、直接受命于皇帝的监察机构。隋朝沿袭御史台制度，派出监察御史代表皇帝出巡郡县、监察地方，以维护中央集权的统一性。隋朝还增设司隶、谒者二台，与御史台一起分理监察，进一步加强巡视制度。此外，隋朝还通过颁布监察法规《司隶六条》、制定《开皇律》等，建立起一套较为完备的巡视法规制度。

随着中央集权不断增强，唐朝初年，巡视制度有了较大发展。首先，中央御史台分设台院、殿院、察院三院。其中的察院即负责地方巡察。在“一台三院”的体制内，各部门职责明确，法规完备，对中央和地方形成系统分察制度，为以后历朝所效仿。其次，为弥补御史台出巡不定期的不足，建立了“分道巡按”制度。“分道巡按”是中央对地方的一种经常性的巡回监察制度，担任巡按使的官员可以是监察御史，也可以是行政官员，他们代君主出巡，权力很大。安史之乱前后，唐朝的“分道巡按”系统逐渐被破坏，中央对地方的巡视监察体系朝着多元化和多层面化发展。为加强中央对地方的控制，唐朝只好开辟新的巡视途径，比如派出使郎官、转运使等察访巡视地方州县。

隋唐时期的巡视制度对后世有很强的示范作用。其中，以道作为中央巡视地方的基本单位，被宋元明清广泛持续沿用，转运使参与巡视制度为宋朝监司巡检制度的设立提供了借鉴，十道巡按、十五道巡按制度为明清时期巡按制度提供了模式。

宋朝对地方巡察的权力很大，出现了监察部门与权力部门合二为一的情况。很多监察部门，同时又是管理部门，所以其机构及人员也很多，如转运使、转运副使、转运判官与提点刑狱、提举常平等都有监察辖区官吏之责，这使得监察工作日趋专门化、专业化。比如曾任广东、湖南等地提点刑狱官的宋慈写出了《洗冤录》，开创“法医鉴定学”，被尊为世界法医学鼻祖。

元朝以后，巡视制度得以进一步强化。元世祖至元二十八年（1291年），改提刑按察司为肃政廉访司。根据规定，廉访使每年的主要工作就是巡视各地，他们可以对所属地区路、府、州、县的民事、钱谷、官吏奸弊等进行监察，考校官员政绩。当时，全国划分为22个监察区，除肃政廉访使常驻地方外，还在江南和陕西设“行御史台”，作为中央御史台的派出机构，以更好地维护中央权威、统治各道。

明清延续了唐宋以来中央对地方巡视系统多元化的趋势，其地方巡视监察体系更加严密。明清对地方的巡视大体分为三个独立系统：一是监察御史系统，包括专差、巡按御史两种；二是按察司系统，下设按察使；三是督抚系统，即总督和巡抚。

明成祖朱棣即位后，正式确立御史巡按制度，按当时十三省区划设十三道监察御史100多人，再从中选派巡按御史。因为代表皇帝巡视地方，所以巡按御史又叫“巡方御史”，俗称“八府巡按”。每当地方发生重大事件，皇帝就派较高级别的都御史带衔出巡，有时不仅行使监察权，也兼管行政、民政等事务，因此被称为“巡抚”。开始是临时性派遣，后来逐渐固定化。这是巡视制度日益强化和成熟的一个重要表现。此外，各省设立提刑按察司，简称“按察司”，主管一省的刑名、诉讼事务，同时也是中央监察机关在地方的分支机构，负责对所属地区及官员进行经常性的巡察。清朝继承了明朝制度，主要由监察御史和提刑按察使共同对地方进行巡视巡察。

西方也有巡视巡察制度，但是创制时间比较晚，且与古代中国的制度理念以及政治作用都有较大差异。中国古代巡视巡察制度，一方面是中央加强对地方及其官员的控制和监督的有效途径，对于保证大一统中央集权的政治清明极为重要；另一方面，还是帝王获取地方真实情况、进行决策的重要依据，成为中央决策系统中的一个重要组成部分。因此，它在中国古代政治生活中发挥着不可低估的作用，其中一些做法对于现代政治文明建设仍具有不少借鉴意义。

考绩制度是中国古代对官员的政绩进行考核的制度。中国古代“有官必有课”，“课”有盘查、考问的意思，指按照一定的标准和秩序，定期对官员进行考察考核，并依考核的结果分别定级、进行奖惩的制度，也叫考绩。

在中国古代的不同时期，关于考绩的称谓不尽相同，如考课、考核、考校、考功等。虽表述有差异，但其基本内容都包括考绩标准、考绩程序、奖惩办法几个方面。考绩制度作为中国古代一种经常性的制度，是随着国家形态逐步确立而产生和发展起来的。

根据史书记载，考绩制度最早产生于舜的时代。当时，每三年舜就会对各部落首领进行一次考核，三次考核之后决定赏罚升降，发现和重用贤明有为的官员，罢免昏庸无能的官员。

夏商周实行世卿世禄的制度，受血缘宗法政治的支配，国家实行亲贵合一的组织原则。夏商周三代，特别是周朝，诸侯林立，最高统治者采取“巡狩”与“朝觐”相结合的形式进行考绩。巡狩，是指天子出行，自上而下，视察邦国州郡；朝觐，是指诸侯定期向天子述职，自下而上，汇报自己的政绩。

春秋战国时期，官僚制度逐渐取代世卿世禄制度，如何评价及任免官吏呢？考绩结果是重要参考依据。当时最主要的考绩方法叫作“上计”。“计”是统计的簿册，“上计”就是将本辖区户口、垦田、赋税、库藏及发生盗贼和监狱在押犯人等情况的数字记录下来，汇编成册，君上和官吏各拿一份。每到年末，君上便对“计”册内容进行考核，根据考核的结果，优秀的升官，不合格的免职，甚至被收捕入狱。奖惩分明的考绩制度让官吏有较为明确的政绩目标，严格的惩罚也让某些庸官不敢再“混日子”。但春秋战国时考核官吏的具体标准和方法还不完善，也尚未产生专职的考核机构。

秦朝统一中国，为考绩制度的制定和推广创造了有利条件。一是确立了考绩的标准。秦朝制定了考核官吏的法律，具体规定官吏必须遵守“五善”和必须防止“五失”。二是完善了考绩的程序。当时完善和发展了上计制度，官吏的政绩由县上计于郡，再由郡上计于朝廷。除上计外，还有考课，即上级有关机构根据上计的政绩对下级官吏进行考核。考课和上计是同时进行、方向相反的两个流程。三是充实了考绩的内容。考绩涉及治理民众、审判案件、勉励农业生产、赈济救助贫困民众等，较以前更为全面，从而初步形成了从地方到中央的层层考核体系，每年各县长官按要求将辖区内户口增减、赋税多少、治安好坏、徭役征派等情况上报郡守和丞相，最后皇帝根据考核结果决定奖惩升降。

汉朝的官员考绩制度，基本上承袭了秦朝的办法，且在程序化、规范化等方面都有所发展。丞相考课制、郡国考课制、三公考课制，构成了当时考绩制度的主要框架。汉元帝时，《考课课吏法》正式颁发，成为中国古代官吏考绩制度确立的标志。

三国两晋南北朝，由于政治形势的变化和维护统治的需要，考核的对象逐步由地方官吏、郡县长官扩大到中央官吏，出现了专门负责考绩的机构，表现出考课权下移的趋势。

隋唐时期，考核制度有了很大发展，更加严密和完备。隋唐以前，对官吏的考绩一直混杂在普通的行政活动中。从某种意义上说，它只是自上而下的行政监督的派生性工作。隋朝开始，中央和地方官吏不论职位高低、出身门第都要经过考核，通过设立京官考和外官考、给事中和中书舍人，分别执行、监督对京城和地方官吏的考核。到了唐朝，出现了吏部考功司，这是最早的专门考绩机构，标志着官吏考绩机构专业化的开始。唐朝建立不久即着手制定了“考课之法”。考课法规定，吏部设置考功郎中一人、考功员外郎一人，负责对四品及以下京官进行考核。三品以上的京官、都督、刺史、节度使、观察使等的考绩，以上奏“功过状”的方式，由皇帝亲自审查复核。

唐朝考绩的基本内容是“四善”和“二十七最”。“四善”突出对“德”的要求。“二十七最”则是“才”的标准，就是把政治、经济、军事、司法和文化等官职分为二十七类，针对不同职位制定不同的考课标准。“四善”和“二十七最”的考核标准其实已经包含了德、勤、能、绩四个方面，堪称中国考绩制度史上最完备的考核办法。

唐朝的考课制度有三大主要特点：一是覆盖全面广泛，把中央和地方所有的官吏均纳入考绩范围；二是等级与标准清晰、明确、客观，便于操作执行；三是运转严密，既有专门的负责机构及人员，又有明确的流程与时限，相互之间可以制约、监督。

宋元时期，官吏考绩机构在制度设置和施行细则上更趋完备。当时考绩制度的一项重要内容是磨勘。因为考绩结果是官员升降的重要依据，为了防止申报不实，升降不当，考核结果须经吏部和各道观察使的复验。也就是说，凡是有功或有政绩者，要经过相关部门的考核，送交报批，才能得以升迁。后来逐渐形成文臣三年、武臣五年的磨勘制度。

明清统治者注重总结历代王朝兴衰成败的教训，十分重视官吏的考绩工作。明太祖朱元璋甚至将官吏所受的礼遇与其考核的政绩直接联系起来。《明史》中记载，当时举行宫廷宴会，考绩“上等”的官吏被赐入席，并有座位；考绩“中等”的官吏也可以参加宴会，但没有座位；而考绩“下等”的官吏则只能等在外面，直到宴会结束了才能离开。

明朝考核，在全面总结和借鉴历代考绩制度经验教训的基础上，制定了既简约又严明的考绩标准。它一方面贴近现实、删繁就简，使考核标准的操作性、可行性更强；另一方面因时而进，增加了一些新内容，如有“考满”和“考察”两种。考满，是在官员任职三年、六年、九年的阶段，通过考绩分成上、中、下三等并以此决定升降去留。考察，一般是六年一次，是对所有官员进行统一考核。

鉴于中国古代社会晚期官场逐渐腐化、吏治日趋松懈拖沓的情况，清朝在考绩制度中偏重于惩治腐败，如在考核标准上强调“四格八法”之制。四格包括：守、才、年、政；八法包括：贪、酷、不谨、浮躁、疲软、才力不及、年老、有疾。这个制度涵盖了官员为政的操守、才能及身体条件等方面，有针对性，可操作性强。同时，对不达标官员从查问到降级调用，再到革去官职，按照周密的程序、严厉的标准进行处置。

纵览中国古代的考绩制度，不难发现，注重实绩政绩、讲究德才兼备是奖惩升降官吏的基本原则。一代代考绩制度内含了中国古代的治理智慧，树立了良好的从政导向和为官准则，产生了一批德才兼备、为民办事的好官，在一定程度上限制了古代官僚的腐败堕落。

八、计口授田的土地制度

治国安邦必须控制国家的财经命脉。古代中国形成了一套卓有成效的经济制度。首先体现在坚持土地资源国有制方面，即所谓的“溥天之下，莫非王土；率土之滨，莫非王臣。”

总的来看，君上皇帝，也就是国家，始终倾向于控制作为基本生产资料的土地，通过井田制、均田制等土地制度，将土地分配给国民使用。对于耕种土地的农民，国家实行严格的户籍管理制度，一方面是为了便于管理，另一方面是作为租庸调等赋役制度的根本依据，并由此构成了以小农经济为基础的社会组织形式。一般说来，每当农民的负担没有妨碍正常的再生产时，社会就会顺利发展。如果越出这一界限，则必然产生农民反抗剥削压迫的社会危机。而最根本的社会危机源自遏制不住的贫富两极分化、土地渐趋集中。一旦土地过于集中，必然造成大地主和失地农民之间的尖锐矛盾，严重时就会爆发农民起义，虽然直接的矛头针对的是多占地的地主，但最终的结局是埋葬整个王朝，达到改朝换代。

井田制是古代中国社会的土地国有制度，其实质是一种以国有为名的奴隶主贵族土地所有制。这一制度出现于夏商时期，成熟于西周时期，春秋时逐渐瓦解。

井田是把大片耕地划分为多块一定面积的方田，先规划好这些土地，然后投入劳动力进行耕种。比如一个人耕种大约 100 亩，这 100 亩就是一个方块，称为“一田”。甲骨文中的“田”字便是由此而来。而“井”的原型来自当时对田地的规划形式。在对土地进行规划的时候，很多地方不是采用现在的十进制，而是采取九进制。因为把 9 块方田摆在一起，恰好是一个“井”字形，也计量为一“井”，井田的名称就是这样来的。一井的面积是方一里；100 井是方十里，叫一“成”，可容纳 900 个劳动力；10000 井是方百里，叫一“同”，可容纳 90000 个劳动力。在井田的田与田、里与里、成与成、同与同之间有疆界，用来作为区分：有大小不同的灌溉渠道，叫遂、沟、洫、浍；与渠道平行，还有宽窄不同的人行通道，叫径、畛、途、道。各种渠道的大小、深浅和通道的宽窄，都有一定的规格。

周朝的井田制，不仅是作为诸侯百官的俸禄等级单位，还作为对庶民进行控制管理的计算单位。周王是全国最高的统治者，也是最高的土地所有者。一切土地属于国家所有，也就是属于周王所有。土地是周王分封给诸侯的资产，周王对所封土地的授予和剥夺的权力，恰好体现了周王的权威。受封者要向周王交纳贡赋，这是基本义务。诸侯受封土地后，可以分赐给卿大夫，卿大夫可以再把土地分赐给士。受封的各级贵族们对土地只有使用权，没有所有权，所以不能转让与买卖，只能在同姓家族内依照宗法关系世代享用和继承。

从所有制上看，夏商周时期实行土地公有、共同劳动，井田制是典型体现，它由原始氏族公社土地公有制发展演变而来。夏、商、周三代井田制逐渐有了从公有向私有过渡的特征。西周中期，土地交易已在贵族之间展开，这意味着土地私有制在贵族之间出现了。自上而下，实际耕作者的土地私有制也在萌芽。春秋晚期，井田制逐渐瓦解。促成这一变革的根本原因是生产力水平的提高，其标志就是铁器的使用和牛耕的推广。因为铁制农具的使用和牛耕方法的推广，人们便有更多的能力去开辟之前没有开发的山林，兴修大型水利工程。

井田制最终崩溃，表现在经济制度、生产制度的设置上。当时统治者把井田分为三类。其中，留给自己的往往是最好的部分，比如位于河流附近、日照充足的平整土地，称为“公田”或“大田”，驱使奴隶集体耕种。距城市较近的郊区土地，分给和统治者同族的“国人”——他们住在“国”（即城市）里——耕种。国人不负担租税，只负担军赋和兵役。庶人只能分到距离城市较远、位置偏僻、土质瘠薄的坏田。庶人一般只能住在野外，甚至被叫作“野人”。他们每年在耕种自己那块维持最低生活水平的土地之前，要先在领主的大田上劳作，给领主耕种井田和服杂役，他们承担着诸如此类的义务，却没有任何权利。

西周中期，为了榨取庶人额外的剩余劳动，一些贵族强迫他们开垦井田以外的空地。这样开垦出来的田地，既不方正，也不纳税，叫作私田。贵族们渴望开辟和耕种更多的私田，便需要更大批劳动力投入。然而，之前那种强迫劳动、剥削殆尽的办法不能调动生产者的劳动积极性。于是，为了招徕劳动人手、激发劳动活力，一些贵族顺应新形势，改变剥削方式，如齐国田氏向民众借贷粮食时用大斗，而向民众征收赋税时用小斗；晋国韩氏、魏氏、赵氏则扩大耕种土地的面积却不增税额，以此收买民心。于是，奴隶们纷纷从公室逃往私门。他们占有一定的生产资料，可以独立经营农业及有关的副业，向地主缴纳租税，于是产生了封建依附关系。封建的租佃关系兴起，引发奴隶们纷纷从公田逃亡，国家的公田无人耕种而变成荒原，井田制自然无力维持了。

《春秋》一书记载，鲁宣公十五年（公元前594年），为了增加收入，实行“初税亩”，规定不论公田、私田，一律按田亩收税。“初税亩”的出现，率先承认了农民开垦的荒地归私人所有，是土地私有合法化的开始。随后，楚国、郑国、晋国、秦国等国家也纷纷进行税制改革，承认土地归私人所有。很快，井田制作为基本土地制度走向分崩瓦解。

在中国古代历史上，井田制象征着天下为公、共同劳作、公共生活的“制度图案”。从战国到清代的历史中，主张对其恢复实行或修正实行的人不胜枚举。人们对井田制如此长久的热衷追求，根源在于小生产者自发的发展必然出现两极分化，而两极分化的过程伴随着土地兼并，最后就会形成围绕土地问题的尖锐阶级矛盾，走向极端就会爆发农民起义，导致改朝换代。恢复井田制被认为是抑制土地兼并、解决土地问题的方案。

为了解决土地问题，北魏至唐朝前期实行一种名为“均田制”的土地制度，国家对其掌握的土地按人口分配给小农进行耕作，土地为国有，部分土地在耕作一定年限后归耕作者所有，部分土地在耕作者死后还给官府。不过，地主阶级的土地并不属于均田范围。

当时，中国北方长期战乱，百姓流离失所，人户锐减，田地大量荒芜，富豪兼并土地的现象十分严重。加之北魏初年封建中央政府掌握的人口数很少，严重影响国家赋税的征收。北魏太和九年（485 年），北魏孝文帝依照汉人李安世的建议，颁布均田令，按人口数来分配田地。从此，均田制开始实行。

按照北魏颁布实行的均田制规定，凡 15 岁以上的男子，每人授给无主荒地 40 亩，女子 20 亩。因考虑休耕轮作，故授田时一般还按照休耕的周期增加一两倍，也称“倍田”。而拥有奴婢和耕牛的人，可以额外获得土地。奴婢同普通农民一样受田，人数不限，土地归主人。这些田地不准买卖，待到受田之人年老身死的时候，再把田地交还给官府。此后，北齐及隋唐也继续推行均田制。

均田制一般是国家征收赋税的依据。百姓从政府那里接受田地便有交纳赋税的义务，唐朝的租庸调制便是在均田制的基础上施行的。

唐朝能在隋末大乱、农业受到严重破坏的情况下，很快恢复社会富足，均田制功不可没。均田制还是当时军事制度的基础。隋唐的府兵制其实就是均田制下的寓兵于农，受田农民为国家当兵，成为府兵，府兵要自备粮资和一些武器装备，这便减少了国家的养兵费用。

隋唐的均田制与以前的土地制度的差别主要在于授田的范围不同。北朝时人口偏少而土地偏多，所以，奴婢和耕牛都可以受田，以求通过均田增加生产的目的。到了隋朝，奴婢受田就有限制了，而耕牛受田则被取消了；大业元年（605 年），政府免除了妇女和奴婢的租调等税赋，也取消了对他们授予土地。唐朝时，奴婢及耕牛都不能受田。之所以这样，是因为此时人口众多，政府田亩不足分配。国家占有的土地少了，但是土地买卖的范围扩大了。官僚的赐田和永业田，可以自由出卖。百姓有迁移他乡等情况的，也准许出卖永业田。

均田制在实行中并未强行征用地主的私有土地，而是将官田特别是新征土地分配给百姓，因为它始终容纳或者说尊重土地的地主阶级私有制。它建立了一套限额交付和接受的土地制度，协调了统治阶级内部矛盾，缓和了被统治者的反抗，使劳动力与土地结合，有利于恢复和发展农业生产，保证政府赋役来源；同时，通过奴婢、耕牛受田（隋以前）或依照官品授永业田（隋以后）等方式，保障了贵族官僚和地主的利益。实行均田制，最重要的条件是朝廷需要掌握大量的土地。北朝时经历了长期的战争，人口大批迁徙或减少，产生了大量荒弃田地，朝廷才能有比较充足的田地授予百姓。随着经济的发展，荒地越来越少，人口越来越多，朝廷可授之田的数量逐渐减少，以致武则天末年均田制难以实行下去，已经形同虚设。

从制度本身来说，唐朝的均田制比隋朝的均田制完备得多，但唐朝的实行效果并不理想，根本原因在于唐朝可授田的总量不多，农民均田受田，一开始就达不到应该享受的额度，分下来的很多田地再返还官府的也很少。随着人口的增多和贵族官僚地主土地私有合法，大量公田被他们占有，政府可支配的土地越来越少。

均田令虽然限制土地买卖、强调占田不能超过一定限度，但农民往往受田不足、家产薄弱、赋役沉重，一旦有天灾人祸，他们往往破产逃亡、出卖土地，而且地主兼并土地的情况越来越严重，因此，均田制往往实施不久就会遭受破坏。在隋朝之前，均田制都是在施行之后就被破坏。到唐王朝初年，由于战乱平息、人口减少、大片土地荒芜，均田令才重新得以推行。但是，不久历史就重演了，唐高宗以后，均田制又逐渐被破坏。唐德宗建中元年（780年），在宰相杨炎的建议下，两税法颁布，以原有的地税和户税为额度征缴税收，不问土地授予和交还的情况，均田制实际上宣告终止。

对于均田制的评价，史学家对其正面的积极意义给予充分认可。钱穆先生说，“此田制用意并不在求田亩之绝对均给，只求富者稍有一限度，贫者亦有一最低之水平。”首先，均田制减轻了农民的负担，促进了社会生产。它使大批无地的农民获得了无主的荒地，百姓有了安居乐业的基础，不再流离失所，大大提高了他们的生产积极性，同时大片荒地被开垦出来，粮食产量和社会财富不断增加，对当时社会生产力的恢复和发展起到了重要作用。其次，均田制巩固了专制主义中央集权制。均田制实际上是封建国家土地所有制，但它在不触动封建地主利益的前提下，使得农民摆脱了豪强大族的控制，直接编入朝廷的户口，大大增加了政府控制的自耕小农阶层的人数，保证了国家赋税和徭役，从根本上巩固了国家政权的统治。最后，均田制大大推进了当时各民族的大融合。特别是在北魏时期，那些内迁各族纷纷改变游牧生活方式，向农耕生活转变，得益于均田制度，他们有了持续安定的生产生活，民族大融合的高潮到来，这与实行均田制有着密不可分的关系。

九、案户比民的户籍赋役制度

中国古代实行严格的户籍制度，一是对人口实行严格的管理，二是作为承担租庸调等赋税徭役的根本依据，并由此构成了以小农经济为基础的社会组织形式和管理网络。也就是说，户籍管理制度与土地相联系，以家庭为本位，中国历代政府核查人口、收取赋税、征派劳役、维护统治秩序都以此为基础。户籍是登记、管理人口的册籍，也称户版、丁籍、黄籍和籍账。

古代户籍制度建立于春秋、战国之交。当时诸侯国之间连年征战，对诸侯国来说，人口是最重要的资源，因为赋税、徭役、征兵等都是以人口为基础的。在秦国，商鞅变法对户籍实施严格管理，确立了五家为“伍”、十家为“什”的户籍制度，不仅依此征税征兵，还加强了社会管理。与这一户籍制度相对应，秦朝实行严苛的连坐制度。如果“伍什”之中有一家犯法，则其余几家都要受惩罚。而如果主动举报，则能免除刑罚；如果隐瞒包庇，则要加重刑罚。这一制度极大地方便了朝廷对百姓的统治与管理。秦国借助这样的户籍制度迅速强大起来，并且完成了统一六国的大业。

秦朝的户籍登录已经初步实现制度化。秦始皇统一六国后，开始全面整顿户籍制度。由于徭役与户籍紧密相连，因此秦朝统治者非常重视成年男丁年龄的登记。户籍一般每三年登记一次，由县、郡的专门官员负责对户口进行核查。秦朝对于户口的登记、消除和迁移也有明确的规定。百姓户口若有变动，需要主动进行登记和消除。为了防止百姓虚报年龄、伪报病老从而逃避劳役，政府制定了相应的惩罚措施。当时针对百姓户口迁移，也有严格规定，只有得到官府允许才能迁移，如果未得到允许而擅自迁移，就要受到惩罚。户籍制度作为秦朝极为重要的政策，保证了皇帝对国内人口情况了如指掌，方便了朝廷调派劳役、征收赋税，大大提高了国家行政效率和对外战斗力。

汉朝十分重视户籍的管理，制定了更加严格的户口管理制度。汉朝户籍的登记内容非常详细，将每户的家长，包括姓名、籍贯、住址、爵位、职业、年龄、妻子、兄弟以及财产数量等都登记在内，有的甚至连身高、肤色也详细记入，作为国家收税征丁的依据。汉朝严格的户口管理制度及其配套机制，对于统治者及时掌握全国人口数量、保证征收赋税，以及加强官吏考核具有重要作用，有利于加强中央对地方的统治和管理，维护社会秩序。

唐朝的户籍制度比较完备。其中一个特点是有“编户”与“非编户”的区分，“编户”是指良民、自由民，而“非编户”是指贱民，如工匠、奴婢等。贱民是没有单独立户资格的，只能和主家共用一个户帖。

在宋朝，随着土地私有制的进一步发展，征收赋税以占地的田亩数量为主要依据。户籍管理沿用唐朝之法，按照有无土地分为主户和客户。然而，主户在唐朝时称土户，客户在唐朝指离开原居住地的人口，他们之间的矛盾在唐朝是非常严重的。宋朝对此实行改革，以是否在当地拥有包括土地在内的财产作为制定户籍和划分主户、客户的依据，承认了客居异乡这一类人口身份的合法性。并且，宋朝还废除了“良民”“贱民”制度，允许自由迁徙。

明朝初期对全国进行人口普查，颁发户帖，推行里甲制度。每 110 户编为 1 里，从中推出丁粮最多的 10 户轮流充当里长；其余 100 户分为 10 甲，每甲 10 户，轮流充当甲首。每年里长 1 人带领甲首 10 人承担徭役。在此基础上，对全国人口按照职业进行了区分，主要分为民户、军户、匠户三类，对他们进行登记和管理，规定民户主要从事农业生产，需要向国家缴纳农业税并服徭役；规定军户主要从军服兵役；规定匠户主要为宫廷、官府及官营手工业服劳役。各类户籍和职业确定后将世袭下去，不能随便改动，父亲去世，儿子承继。以户为单位，每户详细登录户种、姓名、籍贯、年龄、丁口、田宅、财产等，逐一登记在册。每册一式四份，分别上报中央户部及省、府、县有关机构。

清朝沿袭了明朝的制度，实行户籍人丁编审制度。其编审办法是将户籍分为军、民、灶、匠四类，各定上中下三等。乾隆时期设立保甲制度来管理全国人口，户籍与赋役也不再具有实质性关联。

户籍制度作为中国古代政府用以核查人口、收取赋税、征派劳役、维护秩序的重要方式，被历朝历代所承袭和完善，延续了2000余年。古代户籍制度与赋役、军事、治安等密不可分，是国家治理的重要依据。国家通过这一制度能够管理民众的居住、迁徙、财产、婚姻等，保证了国家能够掌握土地、赋税、人力等重要资源，维护了社会稳定。但同时，这一制度也会导致社会等级的固化，不利于社会阶层的流动。

在户籍制度的基础上，中国古代实行了相应的赋税制度，例如租庸调制。

唐朝宰相陆贽曾经对租庸调制做过综合评析，认为租庸调制收敛财富是均匀的，安定百姓是有力的，制度设置是简约的，安排考虑比较周到。

租、庸、调指唐朝的民众向朝廷履行的三样义务。每个入籍的成年男丁每年要向国家交纳粟二石，称作租；交纳绢二丈、绵三两或布二丈五尺、麻三斤，称作调；服徭役二十天，是正常服役，国家若不需要其服役，则每丁可按每天交纳绢三尺或布三尺七寸五分的标准，交足二十天的数额以代替徭役，这称作庸。

租庸调制，按照当时的比例合算，税率大抵为四十税一，属于“轻徭薄赋”之列。同时，朝廷要求各项收入列举分明，避免出现横征暴敛，避免出现农民失去土地变成佃农，进而出卖劳力甚至卖身的现象。

论及来历，唐朝的租（田租）调（户调）制度，承袭的是北魏的税收负担制度。隋朝沿用北魏以来的租调制。唐朝在隋朝的基础上，本着轻徭薄赋的思想改革赋税体制，完善了租庸调制，实行“以人丁为本”的赋税制度，当时不论土地、财产的多少，都要按丁交纳同等数量的绢、粟。在均田制的同步实施下，农民在有土地耕种的同时，保证了农耕的时间，推动了农业的发展。其中，以庸代替实际服役，使农业生产时间有了更多保证，对发展农业生产力具有进步意义。

唐朝租庸调赋役制度下的百姓负担很轻。唐朝政府还视情况经常临时性地减免征收。当时的租庸调制明文规定，如果发生自然灾害可以减征税赋。减免税赋可以促使灾区农民恢复生产，进行自救，避免社会矛盾激化。唐朝的租庸调制，反映了古代中国的赋税管理已经到了相当成熟的水平。

租庸调制的顺利施行，是以户籍制度作为重要保障的，同时需要均田制的配合。均田制下自耕农民占有一定份额的土地是租庸调制存在的基本条件。一旦均田制破坏了，租庸调制存在的基本条件即破坏了。安史之乱后，唐朝人口大规模减少和流亡，均田制破坏殆尽，租庸调制也失去了赖以存在的基础，由此国家的赋税财政收入捉襟见肘。

为了解决财政困难，建中元年（780年），唐德宗接受宰相杨炎的建议，实行两税法，分夏秋两季各一次按财产多少统一征收税收，既增加了财政收入，对失地农民也有减压解放作用。

两税法提倡并征收财产税，这是赋税制度的一次巨大变化。两税法完全以资产（即土地和财产）作为纳税依据，改变和废止了自战国以来“以人丁为本”的赋税徭役制度。这样将税收负担从丁身转移到资产上，一方面使税赋的征收趋于合理，另一方面使财政收入的来源更加可靠。

两税法中的货币赋税原则，适应和促进了当时商品经济的发展，开创了中国古代财政史上以货币缴纳田赋的新局面，开始了中国古代社会赋税征收形式从实物赋税到货币赋税的转移。

但是，两税法也有弊端。根据中央政府支出来决定征收数量的政策，与当时主要是农业经济的客观事实并不相称；不以谷物为税收主要来源，会导致朝廷的关键战略储备不足；更为重要的是，朝廷对最终控制分配土地的职责权力不再重视，这就无可避免地导致了土地兼并日益严重，阶级矛盾日趋激烈。两税制中，税赋以资产而非人丁为准，于是农民日趋沦为依附于地主的佃农，地方财富日益集聚，导致了地方权力渐渐扩大，朝廷的权力逐渐弱小。

唐朝之后，中国一直采用这种根据支出来决定征收数量的收税模式，直到清朝康熙年间开始实行“摊丁入亩”，才改为赋税以占有土地的田亩数为征收依据，理论上减轻了无地、少地农民的负担。摊丁入亩是中国古代社会后期赋役制度的一次重要改革，标志着中国实行了2000多年的人头税（丁税）的废除。但是，没有土地的农民照样没有维持生活的办法，因为不得不承受地主阶级转嫁的各种社会负担。一旦无法生存下去，他们就不得不进行反抗，打碎封建土地私有制，争取翻身求解放。

与小农经济的土地、户籍制度相契合，与中央集权统治相辅相成，形成了中国古代军事制度——兵民制度。

在中国历史的早期，生产力还很不发达，武力征战是生存方式之一，人人都是兵士，生产和作战日常融合在一起。周朝有了常备军，实际是士兵与农民合一的“农兵”部队，一般兵器都是农具，平时的农事就是操练进攻防御。

春秋战国是大征战、大变革时期，在各国变法中，都把军事制度向着利于打胜仗的方向进行了改革。为了确保战争的胜利、彰显军事的重要，各个国家奖励和重用有军事才能的人，世袭贵族掌管兵权的局面日渐削弱。秦国实行凭借军事功劳获得官爵的制度，打破了贵族世袭制度，调动了新兴军事将领阶层带兵打仗的积极性，军队战斗力空前提高，为横扫六国、完成统一奠定了基础。

西汉虽然不再直接将军功与官爵绑定，但充分借鉴了秦朝的军事架构，首先是继续推行中央集权的军事领导体制，军队的最高统治权在皇帝手中。西汉还承继了秦朝的部曲制组织形式。大将军统领五部，部下有曲，曲下有屯，屯下有队，队下有什，什下有伍。一部辖数曲，一曲一般为 1000 人，各级将领战时领兵打仗，平时负责军事训练。

西汉以户籍制度为基础，实行征兵制，劳役和兵役合起来称为“徭役”。为了保证兵力充足，汉武帝以后，在普遍征兵制同时，又另有招募士兵和发配罪犯去当兵的制度。

公元前 169 年开始，汉文帝招募民众迁徙到边郡去屯田，同时规定在边郡驻扎的士兵也从事农业生产，这就出现了屯田兵制。到汉武帝时，西北边区大量增设新郡，建立屯田管理系统，屯田兵有警则战、无事则耕，形成了制度完备的特种兵部队。至东汉末年，曹操在许都（今河南许昌）附近推行屯田，有民屯和军屯两种。对于民屯，农民不得随便离开屯田，后来规定为“军户”，形成了士家制度。魏晋乱世时，大批走投无路的百姓甘做军户，由此催生了世代为兵的世兵制，到了南北朝时，世兵制度已经成为各政权养兵的一种基本制度。

除了世兵制度外，南朝的政权还采用募兵制来组建一些短期部队补充兵源。而北朝中的西魏权臣与北周帝王宇文泰推行军事改革，推出了兵农合一的府兵制，历时约 200 年。府兵平时为耕种土地的农民，农隙训练，战时自备武器和马匹从军打仗，政府在各地设置“折冲府”负责府兵的选拔和训练。

唐朝时，先是主要实行府兵制。唐中期以后，政府对土地、户口的掌控权不断下降，均田制和租庸调制难以为继，以自耕农为基础的府兵制逐渐被募兵制取代。区别于架构简单的府兵制，募兵制下的部队建制走向精细。自从边镇实行募兵制，中央控制军队的优势转移到了节度使手中，终致唐朝亡于藩镇自重，五代十国乱世随之到来。

宋朝实行募兵制，招募对象多为灾荒饥民，或以罪犯充军，还鼓励营伍子弟接替父兄当兵。但是，宋朝重文轻武到了极致，造成了练兵和调兵不力，最终导致被蒙古族军队灭亡。

南宋灭亡后，元朝将蒙古军事制度在中原进行建构，军队分为三个部分：王牌禁军、侍卫亲军、地方镇戍军。蒙古原属军队保持部落军制，主要兵源采取了军户制。先进行人口调查，根据财产和劳动力情况，财产多、劳力强的是上等户，其次为中等户，贫困又缺乏劳力的则是下等户；一般在中等户中指定一部分军户，专门出人当兵，其赋役豁免但总额分摊给其他民户，这样既保障了兵力又不失财政来源。到了元朝后期，军户不堪兵役，往往雇人顶替或者直接逃亡，军户制走到尽头。

明朝兵制采取卫所制、募兵制、世兵制三种模式。其中，卫所制借鉴了蒙古的地方戍边军队架构，即各地都督府下辖了许多“卫”，卫之下统千户所或百户所，世代屯田为兵，兵农合一。世兵制则是将门制度，军官代际承继，统领招募的或卫所的士兵。到了明朝中后期，“逃户”越来越严重，军队主力只能靠招募。

清军入关之后，没有再建卫所，但也借鉴了中原军事制度经验。清朝最主要的军事体制为八旗军与绿营兵，采取了世兵制与募兵制融合的方式。八旗军是清军崛起时的兵制，分为正黄、正白、正红、正蓝、镶黄、镶白、镶红、镶蓝八个部分。满族八旗军和后来建立的蒙古八旗军、汉八旗军，平时生产，战时出征，是兵民一体、军政合一的世兵制。清军入关后收编明朝降军和各省改编的队伍，使用绿色军旗，称绿营兵。除去留足“禁卫军”外，八旗兵分别驻守在京城和各省城镇要地，世兵制的绿营兵配合驻防，二者互相穿插交错，在全国构成军事控制网。后来，八旗贵族兵居功自傲、享受特权，逐渐走向腐败，绿营军也战斗力日减，乾隆后期已经变得不堪一击。随着太平天国运动兴起并席卷大半个中国，汉族官僚采用募兵制编练的私兵和新军成为晚清主要军事力量。然而，即使晚清重臣们穿好盔甲、不惜一切代价上战场打仗，也没有阻止清朝渐渐走向灭亡。

十、掌控命脉的国营经济制度

在中国古代，除去作为根本的小农经济之外，国家对于利润丰厚、产品效能关乎国计民生的产业，像盐、铁、茶等重要产品的生产经营，实行严格的垄断，并且通过平衡物价和供求关系等形式，操纵国家经济命脉。这样的垄断，防止了民间产生从经济上颠覆国家政权的势力，提高了国家实现中央集权大一统的经济能力，但同时也阻碍了商品经济的繁荣发展，最终导致中国没有自发产生资本主义社会形态。

中国古代在国营经济方面主要有禁榷制度和均输平准制度。禁榷制度是古代中国政府凭借其行政权力，通过占有一些重要商品的生产经营权，获取经营利润和垄断收益的一种制度。“禁”意为禁止，不许可。“榷”意为渡水的独木桥，有排他、专门、垄断之意，在经济方面可以引申为“专卖”“专利”等。“禁”“榷”连起来，即不允许其他组织经营，只允许某一组织专营。古代国家出于财政收入的考虑，会将一些类型的商业纳入国家的管控范围内，由政府亲自掌控这些行业的生产或经营。一般被纳入禁榷制度的行业有盐、铁、酒、茶等等，这些行业的特点是利润高、流程简单，国家将这些行业纳入专营范围，只需要很少的投入就可以获取很大的垄断利润。

禁榷制度，一般认为始于春秋时期，首先经营的是鱼盐，后来变为盐铁。以盐铁专营为代表的禁榷制度，成为中国历代王朝把控经济命脉的基本国策，直接影响了春秋以后长达2000余年的国计民生。

春秋时期，齐桓公想要扩大税收来增强国力。宰相管仲认为，直接向百姓增加税收、收取财物，是有形的负担，容易招致人民的不满；最好、最理想的办法是取之于无形，让政府不知不觉地就收缴了税收，减少对百姓的强迫和激怒。由此，管仲提出了一个办法——把税收隐藏在商品的价款里，这样百姓看起来没有纳税而实际上已经纳了税。

在具体操作上，管仲给出了“官山海”的办法，就是控制和管理山和海的资源开发经营，获得垄断收益。在农耕时期，盐和铁是整个社会最为重要的两大支柱性产业。生活中，盐是必需的；生产中，铁是必需的。煮海成盐，开山成铁，政府只要把山、海的资源控制管理起来，就可以对盐铁的经营买卖实行垄断，进而从中获取利益，即“盐铁专营”。

对于盐业，管仲实行专卖政策，开放盐池让民间自由生产，然后由国家统一收购，通过控制产量和销量来控制价格。对于冶铁业，国家首先对所有矿山资源严格垄断，政府还控制铁器的定价权，并对铁器进行统购统销。在这些前提之下，管仲开放冶铁作坊业，允许民间自主经营。铁器售卖后增值部分，民间得七成，政府得三成，相当于征收了30%的所得税。

“官山海”的办法，在管仲之后备受各朝重视。西汉大儒董仲舒就批评过秦朝从类似的盐铁经营中获得利益太高，是以往的20倍，可见其垄断利润之高。

西汉建立之初，崇尚黄老思想，主张无为而治，对盐铁经营等采取放任政策。当时，经营盐铁的商人像君王和诸侯一样富有，汉武帝最初任命的负责盐铁官营之事的东郭咸阳、孔仅就是这样的商人。东郭咸阳是齐地煮盐的大商人，孔仅是南阳地区冶铸业的首户，他们的产业都积累到了千金以上的规模。当时，对外，朝廷需要对匈奴作战，军费开支浩繁，国库慢慢空虚；对内，很多诸侯势力把持地方财政，影响中央朝廷的收入。汉武帝把皇帝私产捐献给国家，同时命令地方富豪效仿捐献，其中最主要的就是要盐铁商人捐献，但命令发出后，盐铁商们没有几个人响应。汉武帝大怒，认为商人本身挣的就是皇帝的钱，现在皇帝有了难处，却不愿意帮助皇帝，于是他开始对商人征收重税，同时接受张汤、桑弘羊的建议，把盐铁经营权由民间收归朝廷。

盐铁两业利润丰厚、财富庞大，相应地也形成了盘根错节的利益关系，因此想要将其收归国有并不容易。元狩六年（公元前 117 年），汉武帝任命东郭咸阳和孔仅为大农盐铁丞，进行“以商治商”。东郭咸阳和孔仅二人非常懂得盐铁牟利的关键与奥秘，他们在产盐和产铁的地方，分设盐官和铁官进行严格管理。盐的官营，由募民煮盐，官府定价收购，并由官府运输和销售；铁的官营，则由官府彻底垄断，统管铁矿采掘、钢铁冶炼、铁器铸造和销售等一切环节。几年下来，盐铁官营取得明显成效。

元封元年（公元前 110 年），汉武帝任命一直参与盐铁官营的桑弘羊为治粟都尉，并代理大农令，掌管财政大权。他增设大农部丞数十人，对郡国盐铁官分别予以整顿，并增加了盐铁官的设置地区。据统计，经过桑弘羊的努力，一共设置了 35 处盐官，分布在全国 27 个郡。盐铁官营前，这些地区的私营盐业都非常发达，国家对它们采取征收盐税的政策。铁官则至少设置了 48 处，分布于 40 个郡国，所有铁官均由大司农所属的铁市长丞掌管。这样，盐铁官营的管理系统和经营网络基本完善了。由于资金雄厚和人力充足，盐铁官营全面实施后，生产规模都迅速扩大起来。官营盐铁业的规模化生产，无论是资金、设备和人员方面，还是降低成本、实行标准化生产和工艺技术改进方面，都具有大规模生产的优越性，收益自然很是可观。

当然，盐铁官营也存在一些比较严重的问题，引发了不同的看法。汉武帝去世6年后（公元前81年），一场关于汉帝国经济政策的公开辩论在朝堂上发生了。这场辩论的主题是，“对于盐铁行业是应该放开民间自由竞争，还是继续国家垄断经营？”辩论的一方是桑弘羊及其属下，另一方则是一群被称为贤良文学的儒生。《盐铁论》记录了这次对后世影响至深的大辩论。

儒生历数盐铁国营的罪恶，比如，国有专营制度造成垄断，导致价格昂贵、强买强卖；国家与民争利，导致经济萧条、人民困苦；收买和利用权贵经济，形成了以国营为名、掠取私利的特权集团。

儒生们说的都是事实，但是他们提不出建设性的改进方案来解决桑弘羊提出的问题。桑弘羊提出的问题是，如果不采取盐铁酒（后来桑弘羊还对酒实行禁榷专卖）官营专卖，如果中央不把重要财源掌控在自己手中，一个大一统的帝国如何维持运转、如何抵抗战争灾荒等风险？这个问题也被称为“桑弘羊之问”。正是基于“桑弘羊之问”的启示，此后2000余年的历朝历代，几乎都极力垄断财源、做大中央财政。

盐铁专卖使封建国家获得了可观的收益，特别是盐，一直是历代封建政府牢牢掌握的最重要的专卖商品。在宋元明清这千余年间，盐税收入成为朝廷仅次于田赋的第二大财政来源。

禁榷制度使得地方势力无法掌控重要的工商业，无法形成可以与中央抗衡的财力，从而限制了世家大族对于国家政治经济等方面的影响。但是，禁榷制度也影响了整个商业发展的布局。到了明清时期，资本主义经济开始出现，民间工商业的力量有蓬勃发展之势，但是这些萌芽由于受到禁榷制度的压制，不能健康成长为支配国家民生的新型支柱产业，更不能带来社会形态的变革与跃进。

中国古代的另一种国营经济制度是均输平准制度。在中国，购物通常被称为“买东西”。唐朝长安城中设有东市、西市两大市场，在东市能买到全国各地的特产，在西市能买到世界各地的珍宝。也就是说，只要来到东市和西市，就能买到任何商品，所以，人们便习惯用“买东西”来指代购物。一个国家，特别是首都物流如此畅通，得益于均输平准制度。均输平准，原本是解决贡品运输和物价管理的政策措施，就是通过均输平准储积物资以备不时之需，让有余的与不足的都统筹流动起来。均输平准的办法可以追溯到春秋战国时期，而到了西汉武帝时代，桑弘羊将其发扬光大，使之成为国家经济政策。

汉武帝时，设置均输令、均输丞，隶属大司农，负责统一征收、买卖和运输货物，这项措施就是均输。均输制度实行之前，各郡国都必须把本地的土特产品作为贡品送往首都长安，这样不但耗费很多人力，影响百姓正常生产，而且容易导致贡品因长途运输受损变质，或者因品质不高积压浪费。为了克服这些弊端，中央就在各郡国设置均输官吏，官府置办工具，征发平民参与运输；各郡国应交的贡品，除特优者仍应直接运送至首都外，一般贡品不再运送；这些贡品或由当地均输官运往邻近高价地区售卖，或将贡品按当地售价折成现金，再另购当地丰饶而廉价的土特产品运往高价地区发售，从事地区间的贩运贸易。这样做既可减少以往贡品运送造成的损失，又可相对减轻民户负担，同时还增加了财政收入。西汉元鼎二年（公元前 115 年），桑弘羊出任大农丞，开始试行均输法。5 年后他升任大农令，将此法颁行全国。

平准，是国家平衡物价的经济政策。均输机构成立后，在各郡国收购的物资，多数是在各地买卖，但是仍有大量物资要运往长安出售。为了防止富商大贾操纵市场，牟取暴利，中央采取了平准政策。平准的具体办法就是在首都长安设立平准机构，各地运来的贡物、由均输官收购的物品、官方手工业制造的商品器物以及财政主管部门所掌握的货物等，均储存于此，由平准官从事经营，根据市场价格决定买卖，东西便宜了就买入，贵了就卖出。

均输和平准政策打击了大商人囤积商品、牟取暴利的行为，保证了物价正常平稳，还使得首都所掌握的物资大大增加，有利于改变财政困窘局面。但是，均输平准损害了大商人的利益，所以引起他们的激烈反对。在汉昭帝始元六年（公元前 81 年）的“盐铁会议上”，儒生们对桑弘羊均输、平准及盐铁酒专卖等经济政策提出非议，指责推行均输、平准所滋生的弊端，如官吏在验收贡品时刁难卖主，出售货物时欺诈顾客等等。对此，桑弘羊极力辩护，以方便百姓、平稳物价相对。

桑弘羊的均输思想为后世所推崇。唐朝政府理财家刘晏用其掌控粮食产销转运，而北宋神宗时的宰相王安石变法，则直接吸取了桑弘羊的均输思想，实行“均输法”。自南宋以后，由于商品货币经济的进一步发展，实物贡赋的比重逐渐下降，因此均输法慢慢退出历史舞台。

平准思想同样影响了后世，常常是实行均输之法，就会伴随平准之法。北宋王安石实行“均输法”的同时，就推行了“市易法”。他在首都、边境及重要城市设置了市易机构，平价收购市场滞销的货物，短缺时再卖出，利于稳定国家经济秩序和增加政府收益。

就本质而言，均输平准，就是平衡由于特殊原因导致的商品价格非理性波动，平抑商品价格在时间和空间上的巨大差异，维持市场的公正性和有效性。其目的，一是保证国家稳定的财政收入；二是保障民众的再生产可以持续。均输平准是政府的天职。在政府没有建立起规范有效的市场机制时，均输平准就更为重要。这既关乎市场效率，又涉及公平正义。

十一、设仪立度的礼法制度

德主刑辅是中国古代的统治者历来倡导的治理理念。在这样的治理理念中，特别重视礼仪的社会规范作用，非不得已不使用法制惩罚各种犯罪行为。用礼乐教化来治国兴邦的观念，在悠久的文明中不断播散延绵，深入到无数中国人的血脉之中。

中国古代的礼，原指人们祭祀的仪式。礼仪随着原始宗教的产生而产生。《礼记·礼运》中有描述，人们最开始行的祭礼，是向鬼神祭献食物，谷物和肉须放在石头上烧烤，还要在地上挖个坑盛水，以双手捧水献给鬼神，同时用茅草和土制成鼓槌和鼓，撞击敲打，用这些隆重的仪式体现对鬼神的敬意。可见，礼与祭祀是分不开的。

随着社会不断进步发展，礼的含义和职能发生了变化，不再局限于祭祀，而是逐渐开始发挥确立社会等级、规范人与人之间关系的重要作用。原始社会末期，社会生产力不断发展，人们生产出越来越多的剩余产品，逐渐产生了私有观念，并最终催生了私有制。私有制的产生，使人们之间有了更多的利益冲突，原始社会人与人和谐平等的关系不复存在，人们在社会中的地位因自身所拥有的资源、财富和权力等的不同而越来越分化。为了缓和人与人之间的利益冲突，统治者需要运用一定的规范来约束人们的行为，而这套规范中的重要成分就是礼仪。礼仪和私有制紧密地联系在一起，成为统治者用来管理社会的重要工具。古代国家的政治、军事、对外交往、祭祀、科举、文化等重大活动，均与礼仪有关。

礼仪在西周时期就比较系统而完善。《周礼》《仪礼》《礼记》，合称“三礼”，记载了当时礼制的许多具体内容。周朝刚刚建立时，为了维护政治秩序和政权稳定，周公旦参考上古和殷商礼乐，对礼乐进行重新创作。据记载，当时与统治者有关的活动几乎都被划分在各类礼仪制度中，而且行“礼”的过程，也就是仪式、程序等，也规定得十分详细具体。由此，确立了一套系统完善的社会规范和等级制度。

根据礼的适用范围不同，周礼大体被归为五个方面：一是在祭祀时使用的吉礼，二是在丧葬时使用的凶礼，三是在军队中使用的军礼，四是在接待宾客时使用的宾礼，五是在宴饮婚冠时使用的嘉礼。周礼制定之后，任何人都不能违背，需要严格遵守礼的规定。周礼虽然内容、条目比较繁多，但其核心就是确立一套等级分明的政治体制。这套政治体制与周朝的分封制相适应，确定了周天子的最高统治地位，从天子到诸侯再到臣民，有着严格的等级划分，并通过规定诸侯、臣民的义务，使其服从周天子的命令与统治，理顺中央与地方、王侯与臣民的关系，维护社会秩序，加强周王朝的统治。

在周礼中，礼和乐密不可分。礼强调的是等级、区别，乐强调的是和谐、协调。乐就是音乐，往往具有无形的感召、教化力量。高雅之乐能够陶冶人的身心和性情，对人产生正面积极的影响，而靡靡之音会使人颓废消极。因此，统治者通常主张以高尚的音乐来引导人心向善，和谐其精神、陶冶其情操，在潜移默化中使人们遵从礼仪，实现移风易俗之功效。乐与礼相互融合，相互促进，共同发挥稳定社会秩序的重要职能。

春秋时期，与社会秩序激烈变化相对应，周礼开始被破坏，形成了“礼崩乐坏”的局面。到了秦朝，统治者优先采用严刑峻法，而对儒家倡导的礼乐王政不予以重视。秦朝二世而亡，说明了不可以单纯采用严刑峻法来治国。汉朝吸取这个教训，建立之初就着手恢复了古代礼制，通过礼制与刑政的有效结合，实现国家长治久安。

由于礼仪制度具有确立等级、维持秩序的重要作用，自汉以后的皇帝均对礼制给予重视，以此来加强君主的统治。汉武帝听从大臣董仲舒的建议，实行“德主刑辅”的治国方略。到了宋朝，礼仪与伦理道德说教相融合，成为实施礼教的重要工具。

礼仪制度一直伴随着中国古代社会制度的始终，在其2000多年的演变过程中，呈现出以下几个特征：一是古代的礼仪制度日益趋向于正规化和制度化。从秦汉直到清朝，历代统治者均设置了专门管理礼乐的行政部门。在历朝历代中央政府机构中，基本上都设有管理祭祀礼仪的官员。隋唐以后隶属于尚书省的六部之一的礼部，就是掌管礼仪的中央政府机构，不仅地位更高，而且分管的范围也更广。二是历代统治者大力推行礼制，使之渗透到社会关系的各个方面，礼始终是加强君权、维护统治秩序的有力工具。三是古代社会的契约关系并不发达，而礼仪制度的推行，对于规范人们的社会行为、促进社会交往、加强职业道德发挥了重要作用。礼仪规则作为人们日常生活中的具体准则，具有强制约束人们行为的规范作用，实际上补充和强化了说教。

礼乐蕴含着古代统治者的治理之道，它可以通过道德教化的软性力量来端正人心、确定风俗、区分亲疏。因此，以礼治国往往被视为王道仁政的体现，它和刑政共同构成了古代统治者进行统治的两手策略：一方面重视礼制，运用道德教化滋养民心；另一方面重视刑政，运用强制手段巩固统治秩序。礼乐从其产生之初，就不可避免地带有统治阶级的烙印，是维护政治统治的工具。但是，客观地说，礼制的长期推行，使礼渗入到社会生活的方方面面，人们日用而不觉，这有效地提升了中华民族的整体文明素质，从而塑造了中国“礼仪之邦”的形象。

中国古代治理方法还有法治的手段，严明法令的治理方法是中国古代政治准则之一。司法在宏观意义上就是纠察处置那些违反治理规则的人。中国古代的司法制度，主要包括司法机关与司法官吏设置、诉讼制度、审判制度、监狱制度、司法监察制度等内容。

早在夏朝之前，统治者便开始制定法律，并设有司法官，也设置了监狱这样的司法执行机关。在夏朝，夏王掌握司法审判大权。到了商朝，国家管理模式进一步完善，最高统治者还设置了负责司法的官员，辅助处理司法刑狱事务。商朝具有敬拜鬼神的传统，审理案件需要配之以占卜之术，因此，以占卜为业的“贞人集团”时常在司法中扮演重要角色。但是，夏王、商王作为国家最高统治者，始终拥有最高的立法权与司法判决权。

西周的司法制度进一步完善，确立了从中央到地方的比较系统的司法体系。西周时期，全国最高的司法判决权由周王所掌握。大司寇是司法组织中的最高长官，协助周王处理司法审判事务，对于一些不能独立裁决的重大案件或疑难案件，需要上报周王进行裁决。大司寇下设有众多从事司法事务的属官，这些司法事务官吏有严格而具体的职责划分，负责不同的事务，构成了一个庞大的司法官僚体系。各诸侯国参照周王国的司法建制来设立司法机关，除了不如周王国那般完善之外，并无太大差异。可见，周朝已经建立了从中央到地方以至基层的相对完善的司法制度体系。

春秋战国时期，诸侯国之间时常发生兼并战争。一些诸侯国为了能通过变革来实现变强的目的，十分重视运用法律维护社会秩序，加强自身统治。这些诸侯国在制定大量法律法规的同时，也提高了司法审判事务及专职官吏的重要性。

秦王嬴政统一中国后，在全国统一法度，确立了一套中央集权的司法制度体系。在中央机构层面，秦朝设有三公九卿，其中三公为丞相、太尉、御史大夫，分掌行政、军事和监察，有些重大案件，丞相和御史大夫要参与审理。九卿中有廷尉，是中央最高的司法审判机构，专职负责司法刑狱，其审判的案件既有皇帝交办的，也有涉及中央官吏的，还有各地上报的疑难案件。但无论何种情况，最后的决断权依然掌握在皇帝手中。在地方司法制度层面，秦朝确立了地方行政长官兼理司法的体制，实行行政职能与司法职能合一的制度，地方不再另设独立的司法机构。地方上分为郡、县两个层级，它们的行政长官分别为郡守、县令，同时也是当地的司法长官，处理政务的同时兼负责案件的审理。郡守下设郡丞，县令下设县丞，协助郡守和县令处理司法事务。对于一般案件，地方有权自主审理；对于重大疑案，地方要上报中央，交由廷尉审判。县以下的基层社会，由啬夫、亭长、里正等人员负责处理简单的民事纠纷，维持基层治安稳定。

汉朝继承了秦朝的法治制度，也分为中央与地方两个系统。在中央司法层面，汉朝初期，廷尉（汉景帝及汉哀帝时曾短时更名为大理）仍是最高常设司法机关，列九卿之一，职责基本与秦朝时相同。另外，对于一些特殊案件，廷尉会与丞相、御史大夫等其他官吏共同审理。廷尉设有监狱，称为廷尉狱，是最重要的中央监狱之一。在地方司法层面，西汉时仍实行行政长官兼理司法的制度，其行政司法机关有郡、县（道）二级。县以下乡、亭、里的长官，有一定的司法职权；同时有“三老”，即当地年高有德望之人，也能够调停诉讼，发挥教化作用，从而体现汉朝德主刑辅的法治思想。东汉时，地方行政在郡县制的基础上，增设州一级，设州牧为长官，负责审理郡、县的上诉案件。

三国两晋南北朝时期，主要沿袭了汉朝的司法制度，同时也有一些发展变化，例如北齐将廷尉变为大理寺，扩大了司法机关的规模，作为中央司法审判机构，其审判职能得到进一步加强，后世又在此基础上对大理寺继续加以完善。魏明帝接受卫觊的建议，始设律博士一职，这是中国古代设立专职从事法律教育官吏的开端。在地方司法层面，三国两晋南北朝时期仍沿袭汉朝旧制，实行行政机关兼理司法审判事务的体制。

隋唐时期是中国古代司法制度进一步发展完善的重要时期，在这一时期司法制度日益完备。隋唐时期形成了以三省六部制为核心、大理寺等各部门为辅助的国家管理机构。其中，大理寺和刑部掌握司法大权，而这两个机构也有不同分工：大理寺主要负责审判事务，刑部主要负责司法行政事务。

隋朝建立之初就设置大理寺，负责司法审判事务、法律培训教育及监狱管理工作。大理寺主要审理中央百官的犯罪案件和都城地区徒流刑以上重大案件，同时处理地方移交的各种疑难案件，死刑案件则须上报皇帝批准或由皇帝最后裁决。而刑部属于中央司法行政机关，刑部正长官为尚书，副长官为侍郎，下置其他属员若干人。刑部除了负责中央的司法行政事务外，还兼管徒流刑案件的复核工作。为了提高司法人员的专业水平，隋朝还曾在大理寺设置律博士 8 人，主要负责法律教育、研究以及司法人员培训。同时，大理寺及刑部还设有精通法律的职业法官，司法机关必须依据相关法律条文进行审判。

唐朝的司法机关体系基本沿袭隋朝。在中央，大理寺和刑部掌握着主要的司法审判权。有时遇到重大疑案，大理寺卿、刑部尚书、御史大夫会一起参与审理，最终由皇上裁决。隋唐时期，地方司法机构基本上是州（或郡）、县两级制，地方行政长官兼理司法诉讼事务。唐朝时期的地方司法机构相较于隋朝来说更加完善。

宋朝时期设立的司法机构包括各级审判、复核、监察机构。宋朝大体上沿袭了唐朝的审判制度，从中央到地方，其审判体系比较完善，而且会根据案件和审判对象设立临时审判机构。宋朝司法制度的重要创新，是将案件的审理和判决分开，由不同官员执掌。审、判分离，制约了司法官的权力，有利于避免司法舞弊，在一定程度上是对传统司法制度的改进。

元朝在国家机构设置上带有蒙古民族的特色。在中央司法机构设置层面，元朝主要设立了大宗正府、刑部、御史台、枢密院、宣政院等。元朝不再设大理寺，改设大宗正府，掌管司法大权和审判事务。

大宗正府的长官一般由蒙古贵族担任。在地方司法制度层面，行省、路、府（州）、县各级行政长官负责地方案件的审判，涉及僧侣案件时，则需要地方长官与宗教职事人员会同审理。

明朝时，丞相和三省制度被废除，皇帝直接统领六部。司法权牢牢地掌握在皇帝手里，特别是最高的司法决断权。中央司法机关主要为刑部、大理寺和都察院，分别执掌审判权、复核权和监督权。地方行政机关兼理司法诉讼事务。清朝的司法制度大体上沿用了明朝的设置。

总体而言，上下几千年的中国司法制度史，体现了中国古代提倡道德教化而慎用刑罚、审判监察并行、注重教化调解的司法策略。尤其是基层社会的民事案件，请当地有名望的长辈进行调解，发挥礼仪教化的作用，是中国古代社会司法实践的重要经验。相比于西方的司法来说，这鲜明地体现了东方的独特智慧。同时，需要承认的是，在中国古代社会皇权独大，皇帝的意志即是法律，司法实践中具有明显的人治色彩，司法独立性不突出。

十二、育才应科的教育制度

古代中国是世界公认的教化之国，传说有历史开始，就形成了比较完备的教育体系。天子教化、学在官府的官办太学，圣经贤传、储才应科的民间私塾，还有学问家为传播自己的思想和知识体系而办的书院等等，这样全民开放的教育体系，为民众子弟提供了不同级别的教育机会。而那些经过授业能够成才者，可以通过考试选拔入朝为官、光宗耀祖，这就形成了良性的社会流动，保证了新生力量能够不断对国家治理实现自我革新。

从历史记载看，中国自古重视对青少年的教育培养，学校教育官办历史源远流长，从夏朝开始就有。西周王朝为了加强对王公贵族子弟的培养，建立了国学、乡学两级学府正规化教育制度。

中国古代早期的官办学校，既是育人之地，又是储才之所，故老师多是德才兼备的长者，传播的知识多为伦理文化，实际上为德育，教育内容有“三德”“六艺”和陶冶情操的音乐、书法等。由于文化资源的奇缺和专属，自然形成了“学在官府”的局面。

在诸侯割据、群雄纷争的春秋战国时期，各方诸侯为壮大自身力量，纷纷储备治国安邦人才，谁拥有这样的人才与正确的治国方略，谁就能成为威震四方的霸主从而成就霸业，于是“养士”之风盛行。士指的是有学问、有谋略的读书人。齐国君主齐桓公在国都临淄西门外创建了稷下学宫，既是为了议政论政，也是为了储备人才，这就是最早的官办高等学府，直到秦嬴政统一中国后才消失。

从秦朝到西汉建立，数个世纪的战乱结束了，政论家贾谊多次上书汉高祖刘邦，建议吸取历史教训，严格实行文教之治。到汉武帝时期，西汉走向鼎盛。为进一步加强统治，汉武帝采取了系统的治理举措。元朔五年（公元前 124 年），经董仲舒建议，汉武帝创立太学，传授儒家经典，以博士为师造就人才，成绩优异者被荐举为朝中官员，从此形成了意识形态、文化教育和官员队伍建设相统一的统治制度。从正式设立太学到西汉末年，太学弟子逐年增长至逾万人，到东汉末年达到 3 万多人，成为中央或地方行政官员的重要储备库。

三国时期，东吴景帝永安元年（258 年）设立了国子监，并设立了五经博士的职位，招收官吏和将领子孙就学，由此创办了贵族子弟学校。西晋武帝咸宁四年（278 年）设立了国子学，五品官以上的贵族子弟可入学，与太学并立为研习儒家经典的学校，至隋朝形成定制。隋炀帝大业三年（607 年），设立国子监，统领国子学、太学、四门学、书学、算学等各官学，与当时倡导实行的科举制相向而行，使得读书、应考、做官三者联系起来，但同时也逐渐滋生了重视科举考试而不重视学校教育的趋势。

宋朝政治家王安石批评当时的学校教育使得读书人完全是为了应付科考而沉湎文章词句，耗尽了士子的精力。宋神宗熙宁二年（1069年），王安石任“参知政事”，着手变法革新。他首先去除科考内容中的繁杂部分，使科考内容趋于简明，聚焦到经义和策论，与解决社会实际问题紧密联系起来。其次，对直接为朝廷培养、储备官员的太学进行改革，先后推出太学新制和《太学令》140条，使得太学的科考功能更加有章可循。太学可以直接向国家输送官员，等于成为通过科考做官的孵化器，大大提高了太学的社会地位和作用。至明清时期，学校教育完全融入了科举考试制度范围之内。

元朝大德十年（1306年），北京国子监成立。这是元、明、清三代国家管理教育的最高行政机关和国家设立的最高学府。元朝国子监只设有国子学，招收七品以上官员的子孙，以及三品以上朝官推荐的平民子弟求学。元朝恢复科举考试后，每三年举行一次。元朝没有制科考试，但有童子科，考中童子科的少年可被保送到国子学继续学习。国子学继承了宋朝太学分斋教学的办法，共分六斋，每斋名额数量不等。每季之末举行考试，成绩合格又未触犯学规者，准予依次“升斋”，坐斋3年以上便可充贡举（不过只有40个名额），与举人有同等资格。元朝选士制度，一方面通过科举考试选拔，另一方面也通过学校贡举选拔，学校的升斋积分之法也汇入了科举考试制度的体系之中。

明朝洪武元年（1368年），在南京设国子学。洪武十五年（1382年）改为国子监，国子监内设太学。永乐元年（1403年），明成祖又在北京设国子监，形成南北双国子监，同时被称为太学。明朝国子监的教职设有祭酒、司业、监丞、博士、助教、学正等，由当时学问和品行都突出的人担任，学生称为“监生”或“太学生”。学生的来源大致有贡监、举监、荫监和例监几类。贡监是由地方府、州、县按计划每年选送到国子监的学生；举监是会试中考试不成功的举人直接入监的读书人；荫监是以承袭先辈相应的爵位而入监的国子监学生；例监是因捐献财物入监的读书人。按出身看，国子监学生又有民生和官生之分。民生是出身庶民的学生，而官生则是官员的子弟。因为生源庞杂，明朝国子监学生规模很大，永乐年间国子监盛极一时，学生总数近万人。后来由于出现了学生懒惰、教师失职以及用钱买国子监入学资格的“例监”现象，与明初太学相比，国子监的办学质量打了不小的折扣。

明朝学校教育制度与科举制度紧密相连，朝廷明文规定，只有官办学校的学生才可以参加科举考试。中央设国子监，为全国最高学府。国子监的学生称为“监生”，由各地官学选送。各府、州、县都设有官办学校，学生有固定数额，称为“生员”。生员可以经过选拔考试被推荐为监生，也可以参加每三年一次的乡试，考取即为“举人”。举人可参加三年一次的全国统考——会试，会试合格后再经殿试合格，即为进士。进士可以直接任正七品知县。

为了培养可用的“文武之才”，历代都规定“五经”或“四书”作为国子监的主要教材。朝廷对国子监的管理都很严格，颁行了各种管理制度，包括考试升降制度、历练政事制度和放假制度等。监生可以在监内寄宿，还有灯火和膳食供应，并且享有免除徭役的权利。

清朝定都北京后，承袭了原明朝国子监的校舍和基本制度。清朝国子监的学生来源主要是贡生，即府、州、县生员（秀才）中成绩或资质优异者，别称“明经”。进入国子监的学生待遇十分优厚，可以直接以监生的身份做官，也可以继续参加乡试、会试赢取功名。

为了保证办学质量，清朝国子监制定了严格的学业考核制度，考试优秀者可得到赏银。平时考勤制度也很严格，学生时常面临劝退、除名的处分。国子监对学生的培养，一方面是常规的课堂教学，另一方面又有丰富的课余实践。日常教学中规中矩，主要是为了培养学生的基础素质。而课余实践则可圈可点，一是参政议政，学生能够向朝廷提出自己的意见和建议；二是临时差遣，学生会被安排参加清查户籍、丈量土地、征收赋役等一系列官样活动；三是参与社会公益活动，如赈济灾民、筑路修桥、兴学助教等等。如此，既能提高学生的参政水平，又能培养学生的社会责任感，从而为清朝政坛储备了大量施政人才。1898 年，清朝戊戌变法，成立京师大学堂，国子监的职能地位从根本上被动摇。1905 年，清朝成立学部、废除科举，国子监变成了国家文庙。1912 年，中华民国建立，国子监从此变成了历史文物。

中国古代教育制度中除了官办太学，还有一种就是民间私塾。早在西周时期，“塾”是与官学相对应的一种办学形式。当时学在官府、官师合一。年老告归的官员发挥余热，作为“塾”的主持人，负责在地方推行教化，对未开蒙的孩童进行道德品质、生活习惯和基本社会技艺等方面的培养，颇有政教合一的特色。

后来西周日趋衰落，礼崩乐坏，“学在官府”的情况有所改变，有学问的人下沉，卿大夫争相养士，“士”阶层形成。读书人竞相传播自己的学说，争取社会支持，于是大量私学应运而生，出现了“百家争鸣”的局面，其中影响较大的是儒、墨、道、法四家。孔丘是儒家的代表人物，他从 30 岁左右起开始办学，传授自己的主张，举办了当时最具规模的私学活动，成为古代教育家的典型，被尊称为“孔子”，他的言论被记录下来，形成了《论语》这部儒家经典。《论语》明确表达了孔子的教育思想：其一，教育是立国治国的核心要素之一；其二，教育的目标是培养君子；其三，道德教育是教育内容的重点；其四，应最大程度扩大教育对象。

到秦朝建立，私学的繁荣告一段落。秦始皇统一中国后，受法家思想指导，以国家政策法令为教育内容，以熟悉法令的官吏为老师，严禁私学，人们要学习文字，只能向政府官吏学习。这种情况到西汉时发生了转折。汉武帝创立博士弟子员入仕制度，读书人可以经举荐做官，学校教育的需求日益迫切。但由于官学招收人数有限，且入学条件苛刻，所以很多人希望通过私学解决入仕资格问题，于是私塾发展迎来了天赐良机。

汉朝的私学由三个接续上升的阶段组成：先是识字习书的蒙学阶段，称为“小学”，主要学习《千字文》《百家姓》《三字经》和书法等内容。学完字书后，就可以应试作小官。如果不想过早步入政界，学童也可以继续深造，进一步学习《论语》和《孝经》，接受道德教育。之后既可以入仕为吏，也可以继续入太学深造，或投奔私家经师，专攻一经或数经。

汉朝私学中的学生，有“及门弟子”和“著录弟子”两类。“及门弟子”由名儒、学者亲自教授，或通过高业弟子转相传授。“著录弟子”只需把自己的名字录在名儒、学者名下即可，不必亲来受业。一般名儒的著录弟子多达万人，“拜门”之风由此而兴。在私学中，教学内容比官办学校丰富，内容不限于儒学经典，而且师生之间既有规矩又比较融洽，形成了官学所没有的“师徒如父子”的亲密关系。

魏晋南北朝时期，社会动荡，政局变换频繁，官学教育时兴时废、若有若无，而私学的发展却十分兴盛。儒学在这一时期失去独尊和主导地位，私学在教育内容、教育形式等方面出现了多元化的格局，专科教育逐步兴起，以前不为人们重视的文学、书法、医学等学问在私学中都得到了长足发展。教育内容的丰富多彩、教学形式的灵活多样、教学方法的生动实用，使私学的发展走向了一个更为繁荣的阶段，成为魏晋南北朝时期学术文化和教育的重心，承担起了传承中华文化和普及教育的重任。

隋唐时期，私学很受重视，政府明文提倡鼓励私人办学。私学很发达，社会上每一种专门学术都有私学传授。一些学者官员居官理事和招徒讲学并举，还有一些大师隐士以招收生徒讲授学问为业。

在唐朝，经过私学培养，许多人成为名流学者、社会贤达，这些人又开办私学、招收学生，进一步促进了私学的发展。这个时期，除了世俗性的私学外，还有专门从事佛教、道教等宗教教育的私学。隋唐以后，私学的名称更加繁多，有家塾、经馆、义学、私塾、村塾等，形成民间重教育、崇教化的风尚。

自五代时期一直到北宋初期，战争不断，国家无力振兴官学。在这种背景下，一些文人学者选择名山圣地，招收门徒，进行讲习活动。私人办学的书院得以迅速发展，并对官学产生了重要影响。庆历新政之后，学院办学盛极一时。南宋时期，书院发展日渐昌盛，书院成为中国私学教育体系中最典型的教育机构，当时有河南商丘的应天书院、湖南长沙的岳麓书院、江西庐山的白鹿洞书院、河南登封太室山的嵩阳书院等四大书院，以此标志确立了中国私学教育体系化。到元朝，统治阶级根据自身的需要，在鼓励创办书院的同时，开始采取措施，将官方统治渗透到书院管理中。

明朝初期，政府重视官学，提倡科举，书院可有可无，呈萎缩状态。经过百余年的发展，后因科举腐朽、教育空疏，官学逐渐变成了科举的附庸。这时，一些理学家为救治时弊，建立书院、讲学布道，使书院数量大增而兴盛。但是，明朝的书院和科举关系更加密切，官学化的程度比元朝更甚。到了清朝，书院的主体部分是考课式书院，同样与科举制度密切相关，而且除了教育职能之外，书院同时还是学术文化原创、传衍的基地。清朝初年各位儒学大师的出现、程朱理学的兴盛、乾嘉学派的构建等，无不与书院密切相关。书院的社会影响更加重要，著名的书院，往往既是学术派别的活动中心，又是地方文化教育的重镇，这是一般私塾起不到的社会作用。

从最基础的教学内容看，私塾的启蒙教育特色最重。宋朝的启蒙教育主要以《蒙求》《三字经》《百家姓》《千字文》及《论语》《孝经》等儒家经典为教材，教学生识字、吟诗作对和书法等，为参加科举考试做准备。明清时期，私塾广泛设立于民间，成为启蒙教育的主要机构之一。虽然私塾在儿童启蒙、文化普及方面具有独特优势，但是它也主要服务于应试教育，从教学内容、教学方法的选择，到教学效果的检查，以及教师的选择等一切教育活动，都围绕科举考试展开。特别是教学内容的安排方面，其教材包含着种种宣扬从小要勤奋学习，以获取功名富贵的诗文，价值观意义明显。因此，私塾在培养人才方面有先天不足。即使到了近代，民间私塾依然未能与时俱进，其与近现代教育有着明显的反差。

十三、鉴往资政的修史制度

作为一个拥有悠久历史、注重历史反思的民族，中国官方自古以来就高度重视史书修撰。在历史传说的源头，中国就有史官设置。而从有文字记载的历史看，中国最迟在商朝就正式设立了史官，掌管记录时事，同时参与国家祭祀等事务。到西周时期，史官已经是相对固定和完备的官职了。

为了便于把大量的资料积累和保存下来，使连续不断的丰富史事得以记录，先秦时期往往实行史官终身且世袭的制度。先秦时期的史书编撰体例有编年体和国别体。孔子编撰的《春秋》是中国第一部正式的编年体史书，以年代为线索编排历史事件，史料源自鲁国及其他诸侯国官方的记载和史籍；国别体史书则有《国语》和《战国策》等，以国家为单位梳理历史事件。而后世官修史书中居主导地位的纪传体史书体例是西汉史官司马迁创立的，是以为人物立传记的方式记叙历史事件。

司马迁继承祖业，担任西汉武帝时期的史官——“太史令”，创作了中国第一部纪传体通史——《史记》。纪传体史书，是以帝王活动为中心，从各个角度记述人类社会历史的体系，因此被统治者确定为正史的修撰体例。东汉班固、班昭兄妹等撰修的西汉历史《汉书》，开创了纪传体断代史先河，以上一个朝代为写史对象，总结历史经验更为直接，因而深受统治者欢迎，官修正史自两汉开始大都沿用纪传体断代史体例。

两汉的太史令记事职能逐渐向天文官发展，到东汉时史官职能由兰台令史、校书郎官等官员承担。班固即为兰台令史。修史地点，最初在相当于国家档案馆的兰台，后来转移到了相当于国家图书馆的东观。三国魏明帝最初设置了著作郎，负责记起居注和修撰国史，这是中国历史上由朝廷设置专掌国史修撰官的开始，至西晋形成著作官制度。著作官按照职责分工合作修撰国史，佐郎负责资料的收集与整理，正郎执笔撰写，秘书监负责统筹协调和监修职责。西晋开国皇帝武帝设置著作局作为修史的专门机构，以后的东晋、南北朝直至唐朝都按照前朝的办法设置了修史机构。

南北朝时期，北魏的官方修史机构著作局隶属秘书省统辖，著作郎的职能除领头参加国史撰述外，还负有监督检查修史质量的职责，这到后来发展形成了大臣领衔监修前代国史的制度。北魏太武帝拓跋焘两次召集朝士撰述国史，开国史监修的先河。北齐监修国史的大臣大都是才学名士，并且从中书侍郎魏收开始，各位监修大臣不再仅仅是挂名，而是均负有实责，至此大臣监修前代官方史书制度完全确立。

官修史书制度的确立，主要体现在三个方面：一是确立主要的修史机构；二是宰相等高官监修制度的形成；三是史料来源规范化、制度化，官修史书内容体制化。

隋朝明令禁止私人修史，将修史活动置于官方的严格控制之下。从此，国史只准朝廷专修，朝廷修前代纪传体史书的体制得以巩固下来。

隋朝在重新统一中国、创制兴邦方面成就辉煌，但仅仅37年就灭亡了。后起的唐朝一开始就非常重视对隋亡教训的总结。武德五年（622年），唐高祖李渊接受大臣令狐德棻的建议，购募天下书籍，修前代历史。唐太宗李世民更加重视对历史经验教训的总结和运用，将史学与治国之术更加紧密地结合了起来，赋予了官修史书制度更大的统治意义，进一步壮大了封建王朝官方修撰前朝史的传统。唐太宗贞观三年（629年），为加强组织领导，唐朝在作为决策机构的中书省内专设秘书内省修前代史，至唐高宗时相继修成了《晋书》《梁书》《陈书》《北齐书》《周书》《隋书》六部前代史，加上这一时期的历史学家李延寿私人编修而获得政府批准成为正史的《南史》和《北史》，共有8部史书载入中国“二十四史”，达到古代官修正史的高峰时期。这不仅使纪传体断代史的独尊地位进一步得到巩固，而且使“正史”的修撰走向官府化、制度化，并把中国古代史学的统治过程记录和经验鉴戒功用推进到一个新的高度。

唐高宗以后，修史的重心转移到当代史修撰上来。唐朝国史修撰主要由史馆负责。史馆设置由来已久，贞观三年（629年），太宗设唐朝史馆，秘书省著作局只是负责修撰碑志、祝文、祭文。唐太宗为了编修当代国史而设史馆，后来官修前代历史的任务也并入史馆，这是魏晋以来官方修史机构更加完善的标志性事件，从此以后，史馆作为官方的主要修史机构，历经宋、辽、金、元、明、清等朝，虽稍有变化，但基本延续了唐朝制度。

另一项重要的修史制度——宰相监修制度在唐朝形成。贞观四年（630年），房玄龄任宰相，随即监修国史，成为宰相监修国史的范例。唐初大规模的修撰前代史，多由宰相或其他重臣一人或数人兼领监修国史之职。到唐玄宗时期，形成了史馆设宰相一人监修国史的定制。这样的制度最直接的意义是，国史修撰要贯彻体现皇帝的意志。由皇帝颁诏、宰相监修、著名史家集体修撰国史和前朝正史，固定成为常规制度，为后世各朝各代沿袭，形成了“国灭史不灭”的传统。宋、辽、金三朝，均设国史院专司修史。其中宋朝还保留了史馆，连同国史院，再加实录院、日历所、起居院、会要所、玉牒所、圣政所、时政记房等，有多种机构修史。清朝修史除国史馆之外，另有实录馆，也留有唐制的痕迹。只是元、明两朝均将修史职能附设于翰林院，而无专门修史机构，但此两朝也照例设置了大臣监修。

在中国史学发展史上，史书编纂一般有两条途径，一个是官修，一个是私撰，主流一直是官修。从科学的视角来看，官修史书有利有弊。唐朝历史学家刘知几在《史通》一书中指出，史馆修史多秉承监修意志，史官责任不专，修史效率低下。但是，官修正史的功绩同样不可忽视。千年以来，官修正史从国家体制层面上保证充分保留了历史资料，使得历史面貌基本能及时还原。更重要的是，史馆修史有很强的政治意义：一是通过修史借鉴前朝经验；二是证明新王朝的合法地位；三是笼络士人、点缀升平；四是垄断修史、控制褒贬大权；五是修饰完善了天朝大国的形象；六是提高了传统的地位，形成了对当位执政者的约束，利于政治趋向清明。

在中国古代官修历史上，谈到代表人物和经典之作，必称“两司马”。第一个“司马”，就是被称为“千秋太史公”的司马迁，他著成《史记》，首创纪传体编史方法，为后来历代“正史”所传承，树立了中国历史学上的不朽丰碑。另一个“司马”，就是宋朝名臣司马光，他用了19年时间从事主编通史的工作，记载了16个朝代1362年的历史。宋神宗称赞说，司马光这部史书用历史的得失供当朝借鉴，有助于加强统治，赐书名为《资治通鉴》。

官修史制度对中国古代官员队伍的培养和塑造具有独特作用，他们不仅从历史教科书中获得了统治经验，而且在具体的政治规范下树起了高度历史感，识大局、明大理、知大势，他们追念前贤、谨慎从事、不敢懈怠，他们品学兼修、砥砺前行、重视名誉与节操、磨炼修养和品行。

元朝灭南宋，南宋宰相文天祥和皇帝都被俘，后来皇帝投降了，文天祥仍坚决不投降。忽必烈向他许诺了同样的宰相官位，但文天祥凛然拒绝，忠贞不二，慨然献身，留下了著名诗句：“人生自古谁无死，留取丹心照汗青。”汗青，就是史书。

- 格物致知
- 革故鼎新
- 知行合一
- 中庸之道
- 得道多助，失道寡助
- 群策群力
- 明德慎罚
- 居安思危
- 见微知著

第三部分

方法篇

国家治理既有其“道”，也有其“术”。“道”是“术”之本，“术”是“道”之末。治国之“道”就是治国安邦的本质和规律所在，它是治国之“术”的根本法则和依据。而治国之“术”就是国家治理的方法、方略，它是把握国家治理的本质和规律、提升国家治理效能的根本路径。中华民族在绵延千年的国家治理实践中孕育出诸多可资借鉴的治国方法，如“务得事实，每求真是”的格物致知、“因革损益”的革故鼎新、“知行相资以为用”的知行合一、“允执厥中，和而不同”的中和之道、“安而不忘危，存而不忘亡，治而不忘乱”的居安思危等等，这些方法作为中国传统治理智慧的重要组成部分，具有超越时空的价值和意义。

一、格物致知

所谓“格物致知”，也就是《汉书·河间献王刘德传》中所讲的“修学好古，实事求是”，即“务得事实，每求真是也”。就是说，要从实际出发，在掌握充分的事实根据以后，才能做到透过现象看本质，从而把握事物的本质和发展规律。从国家治理层面来讲，格物致知就是强调在国家治理中要注重从客观实际出发，在政治伦理实践中探索国家治理的本质和内在规律性。

《礼记·大学》中讲道：“古之欲明明德于天下者，先治其国；欲治其国者，先齐其家；欲齐其家者，先修其身；欲修其身者，先正其心；欲正其心者，先诚其意；欲诚其意者，先致其知，致知在格物。物格而后知至，知至而后意诚，意诚而后心正，心正而后身修，身修而后家齐，家齐而后国治，国治而后天下平。”“格物、致知、诚意、正心、修身、齐家、治国、平天下”被后世称为《大学》的“八条目”，是中国传统儒家国家治理思想的基本逻辑和基本原则。在“八条目”的内在逻辑关系中，“修身齐家治国平天下”是目标和方向，而格物致知则是达致修身齐家治国平天下的根本路径和方法。

格物致知要求在国家治理中首先要做到“即物穷理”，透过现象看本质。“所谓致知在格物者，言欲致吾之知，在即物而穷其理也。”意思是说格物致知即是“即物穷理”，即通过推究事物的原理，透过现象看本质，获得对事物本质性的认识。

“国之大事，在祀与戎。”古往今来，战争对于任何一个国家来讲都是头等重要的事情，关系到国家生死存亡和长治久安。《孙子兵法·始计篇》中开宗明义地指出：“兵者，国之大事，死生之地，存亡之道，不可不察也。”在中国古代的战争智慧中，战争取胜的关键便是“知己知彼”。《孙子兵法·谋攻篇》讲道：“知彼知己，百战不殆；不知彼而知己，一胜一负；不知彼，不知己，每战必殆。”意思是说，在军事战争中，能做到既充分把握敌人的状况，又充分了解自己的状况，就能立于不败之地；能做到把握自己的状况，但不了解敌人的状况，胜败的可能性各半；既不了解敌人，又不了解自己，那么每战都会有失败的危险。因此，在战争中，只有客观地把握实际情况，既清楚自身的优劣，又能准确掌握敌方的状况，从而全面衡量敌我双方的力量对比，扬长避短，制定出合理的战略和作战计划，才是取得胜利的根本法则。

春秋时期，晋国与楚国为了争夺中原控制权，进行了长达数十年的战争，先后历经了城濮之战、邲之战两场大规模战争。公元前575年，由于郑国背叛晋国投靠了楚国，晋国便兴兵伐郑，楚共王决定出兵救郑，两国军队在鄢陵相遇，由此，晋楚两国争霸的最后一场决战“鄢陵之战”拉开了序幕。楚郑联军先发制人，趁晋国援军未来之际，首先逼近晋军，占据了有利地势，还未开战便置晋国于相对弱势的地位。面对这种形势，晋军中不免产生了怯战之心，主帅栾书认为固守待援才是上策，他指出：“楚军轻佻，我们应该加固城防抵御他们，他们久攻无果，三天后一定退军。然后我们就乘他们退走之时在后追击，一定可以取得胜利。”但是，新军副统帅郤至却有不同看法，他对双方形势进行充分的了解和分析之后，主张晋军应先发制人，主动出击，这样才能取得胜利。他指出，晋军取胜的关键在于楚军当前存在着六个弱点：其一，楚军主帅子反和子重不和；其二，楚王的亲兵都是贵族子弟，养尊处优，战斗力很弱；其三，郑国军队虽摆好了阵势，但军容不整，军纪不严；其四，楚军中的少数民族部队不会排兵布阵，阵容涣散；其五，楚军布阵在晦日，不占天时；其六，楚军布阵之后，阵中喧哗吵闹，秩序混乱。基于以上六点，郤至认为如此杂乱无序的军队一旦投入战斗，必然是互相观望，没有斗志。因此，只要利用好楚军的弱点，先发制人，主动出击，一定能取得胜利。晋厉公采纳了郤至的建议，决定立刻对楚军发起进攻。

战争伊始，晋军主帅栾书又采纳了从楚国叛逃而来的苗贲皇的建议，先以自己军队的精锐分别攻击楚军战斗力较弱的左军和右军，然后再集中全军之力合击楚军的精锐，结果战至黄昏，楚军大败。鄢陵一战，晋军将领郤至没有被楚郑联军的表象所迷惑，而是审时度势，知己知彼，准确把握住了楚郑联军的六大弱点，然后有针对性地进行战略部署，最终取得了鄢陵之战的胜利。鄢陵一战后，楚国对中原的争夺走向颓势，晋国则借此战重整霸业，取得了在中原地区的优势地位。

“为政之要，莫先于用人。”中国古代执政者普遍注重选贤任能对于提升国家治理效能的重要作用，但是怎样才能做到知人善任、辨人识人呢？中国有句俗话：画龙画虎难画骨，知人知面不知心。显然，要做到知人善任并非易事。孔子曾经讲过评判善人的方法：“众恶之，必察焉；众好之，必察焉。”（《论语・卫灵公》）意思是说如果所有的人都说这个人不好，都厌恶他，就不能轻易相信，而要认真地考察；如果所有的人都说他好，都喜欢他，也要认真地考察他。《六韬》中也讲：“如果君主以世俗大众所称赞的人为贤德、智慧之人，以世俗大众所毁谤的人为不肖之徒，那么党徒多的人就会被举荐上来担任领导，而不愿意结党营私、党羽少的人就会被罢退。结果，邪曲不正的人通过结党营私、排除异己，把真正贤德的人给掩蔽了，忠臣因为‘莫须有’的罪名被处死，邪曲不正的臣子以虚有的声誉取得了领导的位置。这个世间的乱象就会越来越严重，国家就免不了要危亡。”显然，要真正的“知人”，道听途说是不行的。因此，孔子进一步指出：“始吾于人也，听其言而信其行；今吾于人也，听其言而观其行。”（《论语·公冶长第五》）也就是说，不要仅从言论来对一个人进行判断，更要看其实际行动。

战国时期，齐国第四代国君齐威王正是运用这一方法识人辨人，做到了选贤任能，从而实现了齐国的中兴。齐威王即位之初，政事多由卿大夫办理，结果9年之间，文武百官大都疏于职守，国家治理得十分混乱，各国诸侯也趁机来讨伐齐国，齐国危在旦夕。于是，齐威王便召见即墨大夫，对他说：“自从你治理即墨，毁谤你的言论每天都有。可是我派人到即墨视察，田野得到开发，百姓生活富足，官府没有积压公事，齐国的东方因而得到安宁。这是由于你不会逢迎我的左右以求得赞扬啊！”于是，齐威王封给他一万户食邑。而后，齐威王又召见阿城大夫，并对他说：“自从你治理阿城，赞扬你的话每天都能传到我这里。可是我派人到阿城视察，却发现田野荒废，百姓贫苦。从前赵军进攻甄城，你未能援救；卫国夺取薛陵，你也不知道。这是由于你用财物贿赂我的左右来求得赞扬啊！”当天齐威王就杀了阿城大夫，并把左右曾经吹捧过他的人也都一起杀了。然后，齐威王便发兵向西进攻赵、卫，在浊泽打败魏军并围困了魏惠王。事后，齐国上下人人都不敢文过饰非，大家都求真务实，尽好自己的本分，齐国因此得到了很好的治理，各国诸侯也在20多年间不敢再对齐国用兵。

1989年，美国政治学家弗朗西斯·福山在《国家利益》杂志上刊登了一篇名为《历史的终结？》的文章，引起了西方世界的普遍关注，文中宣称人类社会的发展史就是一部“以自由民主制度为方向的人类普遍史”，自由民主制度是“人类最后一种统治形式”，是人类历史迄今为止最完美的制度形式。那么人类历史中是否存在所谓最完美的或者普世的制度形式和国家治理模式呢？

中国古人很早便给出了答案。清末思想家魏源在其《默觚·治篇》

中讲道："履不必同，期于适足；治不必同，期于利民。"意思是说每个人的鞋子大小不必相同，关键是要适合自己的脚；每个国家的治理方法不必相同，关键是要有利于人民。也就是说，国家治理的方法和模式必须要"服水土"，即符合自身的国情和需要，如果借用别的国家的方法和模式生搬硬套，便会水土不服。中国有句谚语"橘生淮南则为橘，生于淮北则为枳"，讲的也是这个道理。同样是橘子，但却"叶徒相似，其实味不同"，为什么呢？就是因为生长的环境不一样，所以最后结出的果实就不同。橘子种植在淮南地区，土壤适合，结出来的果实便甜美甘香；橘子种植在淮北地区，水土不服，结出来的果实便酸涩难尝。同样，国家治理也没有所谓放之四海而皆准的最好的方法和模式，只有适合自己的才是最好的。如果不从自身的国情和实际出发，而是一味跟着别人的脚步，亦步亦趋，不仅效仿不成，反而会失去自身的发展优势。

《庄子·秋水》中讲过这样一个故事：战国时期，赵国国都邯郸的人走路姿势非常优美与潇洒，外地人很是赞赏和羡慕。燕国寿陵有一个少年，特别迷恋邯郸人走路的姿态，便专门跑到邯郸去学习邯郸人走路。他每天非常用心观摩、效仿、练习，结果过了一段时间之后，他不但没学会邯郸人走路的姿态，反而连自己以前的走路姿势也全忘了，最后只好爬着回到自己的国家。在中国古代所推崇的治理理念中，治理国家既不能墨守成规、死守教条，也不能邯郸学步、盲目崇拜、失去自我，而是要从自身实际出发，学古而不法古，顺应历史发展的客观规律，变革创新，这样才能发展出适合自身的有效的治国方法和模式。

现如今，在河北省邯郸市有一座"学步桥"，便是因"邯郸学步"的故事而得名。"学步桥"下，黄河的一条支流沁河流淌而过，沁河岸边便是邯郸市的丛台公园，在公园内有一个古丛台，2000 多年前，一位奋发有为的国君正是在这里开启了中国历史上一场著名的军事改革——胡服骑射。战国初期，群雄逐鹿，各诸侯国之间的兼并战争愈演愈烈，当时位于北方的赵国国事衰微，军力羸弱，不仅无力争霸中原，甚至连北方少数民族的骚扰都疲于应对。因此，刚刚继位赵国国君的赵武灵王下决心推行一场彻底的军事改革以实现强军强国。赵武灵王通过观察发现，北方的游牧民族在军事作战方面相较于中原诸国有着特别的优势：他们穿窄袖短袄，生活起居和狩猎作战都比较方便；他们作战时用骑兵、弓箭，与中原的兵车、长矛相比，具有更大的灵活机动性。正所谓他山之石，可以攻玉，在赵武灵王看来，赵国要富国强兵必须要以胡人之长来补己之短，于是他颁布法令，在全国推行“着胡服”“学骑射”。但是一些朝臣以“易古之道，逆人之心”为由，拒绝接受变法。武灵王对他们说：“自古至今，习俗都不同，我们要效法哪一个时候的呢？帝王的礼法也不是世代相承的，我们要遵循谁的礼法呢？伏羲和神农，对民众只是进行教化，而不诛杀；黄帝、尧、舜时代，虽然有了死刑，但并不株连妻子儿女。到了夏、商、周三代圣王时，就观察当时的形势来建立法制，根据具体情况来制定礼俗。法度、政令都因时制宜，衣服、器用都为方便使用。所以治理国家不一定要走同一条路，只要对国家有利，不一定要效法古代。……遵循现成的制度而建立的功业不可能超过当世，效法古人的做法就不能管理好现在的国家。你们还是不要反对吧。”赵武灵王坚决推行改革。这场“胡服骑射”的改革立竿见影，赵国的军事实力和国力逐渐强大起来。后来，赵武灵王不但打败了经常侵扰赵国的中山国，还夺取了林胡、楼烦之地，向北方开辟了上千里的疆域。近代史学家梁启超评价：“七雄中实行军国主义者，惟秦与赵。商鞅者，秦之俾斯麦；而武灵王者，赵之大彼得也。”

中央与地方的关系是国家治理中的关键环节，一般而言，如若两者的关系处理不当，便会造成社会失序、国衰政乱。因此，中国古代历代执政者都十分重视中央与地方关系的治理。而分封制和郡县制便是中国古代治理中央与地方关系的两种主要制度。所谓分封制，即“分邦建国”，是在生产力低下时期盛行的一种地方制度，天子通过将自己的领地分给同姓贵族或异姓功臣等，以维护中央统治、扩大统治范围。在分封制度中，中央与地方的关系主要表现为中央对地方统而不治，地方有充分的自主权。据《史记》记载，黄帝时代已有分封制的雏形，而到了西周初年，周公主张“封建亲戚，以藩屏周”，建立起以井田制为基础的、与宗法制度互为表里的完善成熟的分封制度。所谓郡县制，即在中央集权体制下实行的以郡统县的两级地方行政制度。郡县制始于春秋时期，定型于秦汉，秦始皇统一天下以后，为加强中央对地方的垂直管理，废除分封制，在全国推行普遍单一的郡县制，至此，“百代都行秦政法”。从分封制发展为郡县制，这是中国古代政治文明发展的必然趋势，符合当时先进生产力发展的要求，有利于国家统一，有利于中央加强对地方的管理，从而避免地方割据的形成。

要想实现长治久安，必须要符合社会历史发展的客观规律，因此，把握客观规律是探索出适合自身的治理模式的根本法则。秦国一统天下之后，秦始皇力排众议，废分封置郡县，由此奠定了中国古代2000多年的基本政治格局。据《史记》记载，秦始皇二十六年（公元前221年），丞相王绾等进言说:“诸侯刚刚被打败，燕国、齐国、楚国地处偏远，不给它们设王，就无法镇抚那里。请封立各位皇子为王，希望皇上恩准。”秦始皇把这个建议下交给群臣商议，群臣大都认为这样做有利。廷尉李斯则认为，分封制正是周朝诸侯混战的根源，不能盲目效仿，所以他力排众议指出:“周文王、周武王分封子弟和同姓亲属很多，可是他们的后代逐渐疏远了，互相攻击，就像仇人一样，诸侯之间彼此征战，周天子也无法阻止。现在天下靠您的神灵之威获得统一，都划分成了郡县，对于皇子功臣，用公家的赋税重重赏赐他们，这样就很容易控制了。要让天下人没有邪异之心，这才是使天下安宁的好办法啊。因此，实行分封制，设置诸侯国没有好处。”秦始皇很赞同李斯的观点：“以前，天下人都苦于连年战争无止无休，就是因为有那些诸侯王。现在我倚仗祖宗的神灵，天下刚刚安定，如果又设立诸侯国，这等于是又要挑起纷争，想要再求得安宁太平岂不困难吗？廷尉李斯说得对，我赞同他的观点。”于是，秦始皇便下令把天下分为36郡，并在每郡都设置守、尉、监各一人，然后郡下辖县，郡守与县令都由皇帝直接任命。

秦始皇三十三年（公元前214年），博士齐人淳于越等人再次建议秦始皇效法前朝、恢复殷周时期的分封制。淳于越进谏说：“我听说殷朝、周朝统治天下达1000多年，分封子弟功臣，给自己当作辅佐。如今陛下拥有天下，而您的子弟却是平民百姓，一旦出现像齐国田常、晋国六卿那样的谋杀君主的臣子，没有辅佐，谁来救援呢？凡事不师法古人而能长久的，我还没有听说过。”秦始皇把他的意见下交群臣议论。丞相李斯反驳说：“五帝的制度不是一代重复一代，夏、商、周的制度也不是一代因袭一代，可是都凭着各自的制度治理好了，这并不是他们故意要彼此不同，而是由于时代变了，情况不一样了。现在陛下开创了大业，建立起万世不朽之功，这本来就不是愚陋的儒生所能理解的。况且淳于越所说的是夏、商、周三代的事，哪里值得取法呢？”秦始皇最终还是听取了李斯的建议。

秦国亡于暴政，但是以郡县制代替分封制，却是中国古代政治制度和治理体系的一大进步，有利于中央加强对地方的管理、巩固统一，有利于经济与文化的发展，郡县制的推行促进了在中国古代实现第一个真正的大一统，在中国历史上影响深远。

二、革故鼎新

变与不变是几千年来国家治理中的一对基本矛盾。《周易·杂卦》中说："革，去故也；鼎，取新也。"革故鼎新就是变革旧事物、建立新事物的意思。任何一位统治者，都希望自己的国家能够长治久安。但是事物总是不断向前发展的，国家治理方式也不是一成不变的。随着历史的发展，以往的治理思想和治理制度会落后于新的社会环境，这就需要统治者具备革故鼎新的胆识与决心，不断推进国家治理体系的完善与治理能力的提升。

革故鼎新在治理国家中的运用，主要体现为两个方面：一是思想变革；二是制度变革。思想变革是制度变革的前提，制度变革是实现新思想的手段。

思想变革是前提。中国古代史上几乎每一次变法改革都是通过统治集团内不同派别之间进行辩论的形式来激浊扬清，从而统一思想，坚定变法信念的。

战国时期，分封制逐渐崩溃，新兴地主阶级崛起，各国纷纷掀起变法运动。由于秦国没有及时跟上其他国家的变法步伐，逐渐陷入内忧外患的局面。为了重新振作起来，时为秦国君主的秦孝公决定变法。《史记·商君列传》中记载了这样一则故事。公元前359年，秦孝公打算在秦国国内进行变法，又担心国人议论纷纷，所以犹豫不决。于是召开朝会命臣工商议此事。改革派商鞅说："行动犹豫不决，就不会搞出名堂；办事犹豫不决，就不会成功。况且，超出常人的行为本来就常被世俗非议，有独到见解的人一定会被一般人嘲笑。愚蠢的人事成之后都弄不明白发生了什么事，聪明的人事先就能预见到将要发生的事情。探讨最高道德的人不与世俗合流，成就大业的人不与一般人共谋。因此，圣人只要能够使国家强盛，就不必沿用旧的成法；只要能够利于百姓，就不必遵循旧的礼制。”孝公说：“讲得好。”守旧派代表甘龙说：“不是这样的。圣人不改变民俗而施以教化，聪明的人不改变成法而治理国家。顺应民风民俗而施教化，不费力就能成功；沿袭成法而治理国家，官吏习惯而百姓安定。”商鞅说：“甘龙所说的，是世俗的说法啊。一般人安于旧有的习俗，而读书人拘泥于书本上的见闻。这两种人奉公守法还可以，但不能和他们谈论成法以外的改革。三代礼制不同而都能统一天下，五伯法制不一而都能各霸一方。聪明的人制定法度，愚蠢的人被法度制约；贤能的人变更礼制，寻常的人被礼制约束。”杜挚说：“没有百倍的利益，就不能改变成法；没有十倍的功效，就不能更换旧器。仿效成法没有过失，遵循旧礼不会出偏差。”商鞅说：“治理国家没有一成不变的办法，只要有利于国家就不必仿效旧法度。所以汤武不沿袭旧法度而能王天下，夏殷不更换旧礼制而灭亡。反对旧法的人不应被非难，而沿袭旧礼的人不值得赞扬。”孝公说：“讲得好。”于是他任命商鞅为左庶长，制定和推行变法。经过变法，秦国逐渐强盛起来，成为“战国七雄”中最强大的国家，也为后来统一六国奠定了基础。

如果说商鞅变法前的辩论是以变与不变为主题，那么1000多年后的王安石变法就是围绕着如何变法这一主题展开的论战。《续资治通鉴・宋纪》中对这场辩论有过相关记载。

1068年，京师汴州接连发生地震，冀州一带出现了黄河决口，河朔也发生了严重的旱灾。因为救灾，宋朝政府财政逐渐吃紧。当时恰逢三年一次的郊天大典，皇帝要在南郊祭祀天地。按照规矩，皇帝应在典礼后给大臣们赏赐金帛财物以示天恩。考虑到当时的财政状况，以宰相曾公亮为首的一些官员请求皇帝宋神宗不要再颁发赏赐。于是，宋神宗在延和殿召开会议商议此事，王安石与司马光以此为契机纷纷表达了自己对改革的看法，展开了第一次思想交锋。司马光赞同群臣的提议，认为钱不够用，需要降低税收并节省开支。王安石却认为，我大宋富有四海，人民富庶，南郊赏赐不过是一点小钱，即便省下来也不会使国家更富裕，所以不用省。王安石继续说："善于理财的人不用增加赋税就能使国家财政富余。"司马光反驳说："增加财政收入不过是多收税，而多收税实际上不过是掠夺民间财富而已。"王安石也针锋相对说："理财并不一定是从民间搜刮，而是要增加财政收入，做到财政充足。"司马光继续反驳："天下财物就这么多，不在政府手中，就在民间。所谓不剥夺民间财物，依靠理财生钱，只不过是汉代桑弘羊使用过的花招罢了。"

司马光认为：治理国家就像修房子，有毛病了才修理，除非坏得不成样子了，否则不能做根本的改变。假使房子真的坏得不成样子了，也要有能工巧匠与好材料才能修理，如今这两个条件都没有，我担心房子修不好啊。可见，司马光的改革是一种柔性理念。一个国家如何革故鼎新需要基于问题发展的具体情势与支持变革的客观因素来决定。问题大则大改，问题小则小改；条件成熟则推进，条件不成熟则静待时机。企图通过疾风暴雨式的变法运动一夜间改变一切是行不通的。历史的结果已经证明，司马光的观点是有一定道理的。

在《魏书·高祖纪》中，北魏孝文帝迁都的故事也充满了智慧。公元493年，年仅26岁的孝文帝亲率30万大军，从都城平城出发，挥戈南下讨伐中原。他们一路翻山越岭，栉风沐雨。行至洛阳，将士们不堪军旅之苦，怨声连天。文官更是不愿继续南征，一齐跪在孝文帝前苦谏。他们满以为这样会感动天子，使他放弃南征。不料这位血气方刚的年轻皇帝不听劝阻，仍然是一副继续南征的架势。旁边的任城王拓跋澄也扬鞭策马，吆喝着继续南征。群臣仍然苦谏不停。孝文帝显出无奈的样子，勒住马头说："我们世代偏居北方平城，而今南迁中原。如果你们不愿继续南征，只好把国都迁到洛阳来，你们看行不行？”群臣见皇上要迁都于此，虽然不愿意，但也比继续南征好得多，纷纷同意。于是孝文帝下令同意迁都的人站在右边，不愿意迁都的站在左边。结果，所有大臣都站在右边，一齐高呼万岁。这样，孝文帝用这种特殊的“投票”方式，把迁都洛阳的大事定下来了。

奇怪的是，刚刚还喊着要继续南征的拓跋澄，也一声不响地站到右边。这是怎么一回事呢？

原来北魏统一北方后，如何加强对中原地区的统治、接受汉族文化、消除鲜卑族和汉族间的民族隔阂，成为进一步治理国家的重大问题。不少有志之士认为，把都城从偏北的平城迁到中原的洛阳是个好办法。孝文帝即位后，决心完成这个振兴北魏的重大措施。不料，迁都的消息一传出，就在朝廷内外引起了巨大的震动，许多鲜卑贵族都出来反对。在反对派当中，以任城王拓跋澄为甚。某天，孝文帝退朝后，专门把拓跋澄留下，向他讲述了迁都的重要意义，并告诉他准备以“南征”的名义，敦促大臣们同意迁都。拓跋澄终于被孝文帝说服，全力拥护孝文帝的“南征”计划。于是，在中国的历史上，就由孝文帝导演了这幕名为“南征”、实为迁都的壮丽喜剧。

孝文帝为了实现变革的目的，首先争取到反对者中的关键人物拓跋澄的支持，然后在其配合下以特殊的投票方式改变了群臣的观念，统一了迁都的思想。迁都是孝文帝改革最为重要的一步，为后续改革措施的执行提供了诸多便利条件。孝文帝改革缩短了北魏封建化的过程，促进了北方社会经济的发展，加速了鲜卑以及其他少数民族与汉族的融合，对中国多民族国家的形成和发展做出了积极的贡献。

思想的变革要通过制度变革来体现。在这方面，中国古代治理者表现出了非凡的智慧。

战国时期的商鞅变法是中国历史上一次成功的变革。当时，秦孝公启用商鞅进行国家改革。改革的内容包括“开阡陌封疆”、推行县治、奖励耕战、编订户口、统一度量衡等。为了落实这些制度，商鞅采取了一些有效措施。《史记》中记录了商鞅在落实改革时展现出来的智慧。

立木为信。新法准备就绪了，但是商鞅一直担心百姓不相信政府的决心从而影响新法的有效推行。某一天，商鞅想到一个好主意，他命人在国都后边市场的南门竖起一根三丈长的木头，说："如果有人能把木头搬到北门，就赏给这个人十金。"百姓们觉得这件事很新奇，于是都来围观。大伙儿议论纷纷："搬木头并不难，却给这么多奖赏，当官的是不是在开玩笑啊？"半天过后，仍然没人敢动。商鞅又宣布："能把木头搬到北门的人赏五十金！"过了一会儿，人群中站出一人说："我来！"那人搬起木头向北门走去，人群也跟着向北门方向移动。到了北门，商鞅当下就给了他五十金。百姓们纷纷说道："政府果然令出必行，绝不欺骗。"商鞅因此树立了政府的公信力，他认为颁布新法的时机已经到了，于是颁布了新法。由于受到之前立木为信的影响，百姓们对推行新法没有丝毫怀疑，纷纷照做。新法得到了有效施行。

"法上"示警。"法上"示警的意思是通过惩罚违反新法的统治阶级内部核心人员来提醒国民遵守新法。新法在民间施行了整一年，秦国很多老百姓都议论说新法不方便。正当这时，太子触犯了新法。商鞅说："新法不能顺利推行，是因为上层人触犯它。"所以将依据新法处罚太子。太子，是国君的继承人，是不能施以刑罚的，于是就处罚了监督他行为的老师公子虔，又以墨刑处罚了给他传授知识的老师公孙贾。这件事给了秦国人警示，第二天，秦国人就都遵照新法执行了。

有效地执行新制度，需要新法的推行者在执法过程中铁面无私。隋文帝杨坚也是这方面的表率。《隋书》中记载了他不徇私情、坚定依法办事的故事。

公元581年，北周大臣杨坚夺取了北周政权，建立隋朝，他就是历史上的隋文帝。即位以后，他大刀阔斧地对官职制度、刑律制度、府兵制度和科举制度进行了一系列改革，制定了《开皇律》。隋文帝深深懂得，执行法律远比制定法律困难。于是，他决定以身作则，不避亲疏地严格执法。

隋文帝共有五个儿子，除了皇太子杨勇留在都城外，其余四个都分封为王。其中三儿子杨俊被封为秦王，后又被任命为并州总管。杨俊在灭陈的一系列战役中功勋卓著，深受隋文帝宠爱。但是他自恃功高，狂妄自大，在自己管辖的地方为所欲为，盘剥百姓，大兴宫室。有人将这些事禀告隋文帝，隋文帝大怒，立即传旨免去他的官职。左武卫将军刘升进谏说："秦王并无别的过错，只是花费官府的钱物，营造自己的府第宫室罢了。我认为可以原谅。"皇上说："法律不可违反。"刘升坚持劝谏，皇上愤然变色，刘升才作罢。其后杨素又进谏说："秦王的过失，不应该受到这样的处罚。请陛下想一想。"皇上说："我是五个儿子的父亲，如按你的意思，何必不另外制定一个天子儿子的法律？以周公的为人，尚且杀了管、蔡，我的确远远不如周公，怎能有损法律的尊严呢？"到最后也不同意。杨俊病重，不能起床，派人奉表谢罪。皇上对他的使者说："我努力奋斗，创此大业，作训垂范，想让臣下遵守它而无过失。你是我的儿子，却想败坏法律，我不知道怎样责备你！"杨俊惭愧恐惧，病更重。大都督皇甫统上表，奏请恢复秦王的官职，皇上还是没有答应。

由于隋文帝的铁面无私，新法执行很成功，朝野上下一片新气象。《开皇律》也成为中国古代刑律的典范，被以后的朝代沿用。

《史记·商君列传》中说："治世不一道，便国不法古。"意思是治理国家的法则不是死板的，使国家安适不能拘泥古法旧制。虽然中国古代朝代一直更替、政权不停变更，但是革故鼎新的方法和智慧始终贯穿于国家治理过程中，不曾断绝。正是在这种智慧的影响下，治理者们不断使国家强盛，使人民富足。

三、知行合一

知与行，即认识世界和改造世界，是人类创造历史的两种基本活动。知与行是相辅相成、不可分离的。在两者的辩证关系中，知是基础、是前提，而行是重点、是关键。在中国古代的国家治理中，坚持知行合一是提升治理效能、达致治理目标的重要途径和方法。

明末清初思想家王夫子说："知行相资以为用。惟其各有致功，而亦各有其效，故相资以互用。则于其相互，益知其必分矣。"（《礼记章句·中庸衍》）他认为，知与行有着不同的功用，不可以混淆，但这种区别也使得知与行可以相资互用、互为支持。朱熹认为："知之愈明，则行之愈笃；行之愈笃，则知之益明。"（《朱子语类》卷十四）只有对事物的本质和规律认识得越清楚明白，行动起来才越坚定有力，而越付诸行动，对事物的本质和规律就认识得越深刻。在国家治理实践中，必须要坚持知行合一，做到以知促行、以行促知、学以致用。

明朝大儒王阳明在其《传习录》一书中提出："某尝说知是行的主意，行是知的功夫。知是行之始，行是知之成。若会得时，只说一个知，已自有行在；只说一个行，已自有知在。古人所以既说一个知，又说一个行者，只为世间有一种人，懵懵懂懂的任意去做，全不解思维省察，也只是个冥行妄作，所以必说个知，方才行得是。又有一种人，茫茫荡荡悬空去思索，全不肯着实躬行，也只是个揣摸影响，所以必说一个行，方才知得真。"意思是说，知是行的指导，行是知的贯彻，知与行是辩证统一、不可分离的。世上有一种人，只顾稀里糊涂地随意去干，根本不认真地观察思考，也只是盲目地肆意妄为，所以必须给他强调一个知，他才能行得正确。还有一种人，只会漫无边际地空想，根本不愿切实力行，也只是在那里主观猜测，所以必须给他强调行的道理，他才能知得真切。

知是行的主意。知是行的前提和基础，是指导行的，知之真切笃实处即是行，只有把道理真正弄懂了，行动才能自觉持久。因而，国家治理实践必须基于正确理论的指导，没有理论的指导，实践就会盲目。计然是春秋时期著名的经济学家、战略家，擅长经济治国之道。他游历到越国时，收越国大夫范蠡为徒，教给了范蠡《贵流通》《尚平均》《戒滞停》等发展经济、增强国力的七项策略，涉及国家宏观调控、商品流通规律等诸多经济理论，可谓是中国古代最早的商业理论。越王勾践在会稽山被吴国打败后，卧薪尝胆，一心想要雪耻，便向计然请教打败吴国的方法，计然献策说："一个国家要应付战争，必须有所储备，而储备战争物资又必须选择适当时机，这就像知道货物的生产季节和社会需求的关系，就能看清楚货物的供需行情一样。干旱时准备船，水涝时要准备车。国家要长治久安，须兼顾农工利益。谷物每斗二十钱，农民就要吃亏，每斗卖到九十钱，商人就无利可图。商人无利可图，货物就不能在市场上流通，国家税收就要减少；农民无利可得，良田就会无人耕种，荒地就无人开垦。因此，谷物每斗最高不超过八十钱，最低不少于三十钱，那么农民与商人都有利可得。谷物出售价格随市场物价的高低而起伏，关卡上的税收和市场上的货物都不缺乏，这就是治国的道理。关于囤积货物，其原则应是购进质量好、适销对路、易于久藏的谷物；容易腐败的货物，就不要久藏以求高价；看货物的有余与短缺，就可知道物价的涨跌。上涨到极点就会下跌，下跌到极点又会上涨。价涨时，就要把囤积的货物像低贱的粪土一样尽快卖出去；价跌时，就要把便宜的货物如珍贵的珠宝一样迅速购进来。财物货币要像流水一样长流不断，循环往复。"勾践欣然采纳了计然的治国策略，施行数年之后，越国国富兵强，一举灭掉了吴国，成为“春秋五霸”之一。

大夫范蠡协助越王打败吴国之后退隐民间，他惊叹计然的智慧：“计然的策略有七条，越国只用了其中五条，就实现了雪耻的愿望。既然施用于治国很有效，我要把它用于治家。”范蠡乘坐小船漂泊江湖，到了陶邑，改名换姓叫朱公。朱公治理产业，囤积居奇，随机应变，与时逐利，数年之后，便成为富甲天下的巨商，后世都称颂其为商人的祖师。

行是知的功夫。正所谓“不登高山，不知天之高也；不临深溪，不知地之厚也”。行是知的归宿，是实现知的。行之明觉精察处即是知，只有行动上落实了，对道理的领悟才能更深入。正如黄宗羲所说：“以圣人教人只是一个行。如博学、审问、慎思、明辨皆是行也，笃行之者，行此数者不已是也。”（《明儒学案 · 姚江学案序》）

清谈误国，实干兴邦；为政之要，贵在实干。古往今来，凡事兴于实，败于虚。《史记 · 廉颇蔺相如列传》中记载了这样一个故事：赵孝成王七年（公元前 260 年），秦军和赵军在长平对峙，当时赵括的父亲赵奢已经去世，赵相蔺相如也身患重病，赵孝成王派廉颇带兵攻打秦军。秦军几次打败赵军，赵军坚守营垒不出战。秦军屡次挑战，老将廉颇置之不理，坚壁清野，以逸待劳。秦国间谍便在赵国散布谣言：秦军最忌讳、最害怕的，就是马服君赵奢的儿子赵括做赵军的将帅。赵孝成王急于求胜，便听信了秦军间谍散布的谣言，任命赵括为主帅，代替廉颇。赵括是赵国名将赵奢之子，从小熟读兵法，评论兵事头头是道，自诩天下第一。赵孝成王任命赵括为将军后，遭到了蔺相如的反对，蔺相如进谏说：“大王仅凭虚名而任用赵括，就好像用胶粘死调弦柱再去弹瑟那样不知变通。赵括只会读他父亲遗留的兵书罢了，并不懂得灵活应变。”赵孝成王不听，执意任命赵括为主将。赵括取代老将廉颇之后，便完全改变了廉颇制定的策略，改守为攻，调动所有军马主动出击秦军。秦将白起则分兵两路，一路佯败，把赵军吸引到秦军壁垒周围；一路切断赵军后路，实行反包围。结果使赵军粮道断绝，困于长平。被困 40 多天后，赵军断粮，赵括没有办法，便亲自带领精兵突围，结果被秦军乱箭射死，几十万赵军也悉数降秦。赵括虽然熟悉兵法理论，但是缺乏实际战争经验，无法有效地将所学兵法和现实战争有效结合，在战争中不懂得灵活应变，失败是必然的结果。

东汉荀悦在《申鉴》中指出："在上者不受虚言，不听浮术，不采华名，不兴伪事。言必有用，术必有典，名必有实，事必有功。"意思是说执政者必须做到求真务实，做到不听不真实的话，不相信不切实际的方法，不谋取浮华的名声，不做徒有虚表的事。

中国传统知识分子是中国古代国家治理的重要参与者。自古以来，在中华文明蜿蜒曲折的历史长河中，中国传统知识分子以"先天下之忧而忧，后天下之乐而乐"的政治抱负、"苟利国家生死以，岂因祸福避趋之"的报国情怀、"富贵不能淫，贫贱不能移，威武不能屈"的浩然正气、"鞠躬尽瘁，死而后已"的献身精神不断探寻着通达"治国平天下"的康庄大道。而经世致用便是中国传统知识分子达致这一理想的必然选择和根本途径。经世，即经国济世也；致用，即尽其所用也。正所谓"君子之为学，以明道也，以救世也"。经世致用就是注重从社会现实矛盾出发，并以所学解决社会时弊，以求达到国泰民安的理念和方法。这一理念从根本上体现了中国传统知识分子讲求学以致用、注重务实、追求实效的思想方法，以及救世济民、"以天下为己任"的家国情怀。

胸怀大志，勇于担当。《尚书》中讲道："功崇惟志，业广惟勤。"意思是说只有树立远大志向，才能建立崇高的功业；只有付出辛勤的劳动，才能成就伟大的事业。明朝中期，政治腐败，社会动荡，民不聊生。为拯救时弊，救民于水火，明朝大儒王阳明提出了“知行合一”“致良知”的济世良方，主张将学问和道德良知与事功相结合，在学问中践行事功，在事功中升华学问、践行良知。

王阳明从小便立下“读书做圣贤”的远大志向。那么如何才能实现这一理想呢？王阳明指出：“人须在事上磨，方立得住。”“事上磨”就是要主动作为，积极实践，在实践中不断磨炼自己的心志、提升自己的能力修为，从而更好地实现人生理想。宝剑锋从磨砺出，梅花香自苦寒来。正是通过不断的事上练、事上磨，王阳明在“立德、立功、立言”等方面不断精进，更是为解决明朝中期的治理危机做出了重要贡献。正德十三年（1518年），王阳明恩威并施，剿抚结合，平定为患江西、湖南、福建、广东交界地区数十年的民变祸乱。正德十四年（1519年），在鄱阳湖中仿效赤壁之战，平定洪都的宁王朱宸濠之乱。嘉靖七年（1528年），平定西南部的思恩、田州土司叛乱和断藤峡盗贼祸患，稳定了边疆，为此后改土归流和民族融合奠定了基础。清代名士王士祯称赞王阳明为“明第一流人物，立德、立功、立言，皆居绝顶”（《池北偶谈》）。《明史》中也评价道：“王守仁始以直节著。比任疆事，提弱卒，从诸书生扫积年逋寇，平定孽藩。终明之世，文臣用兵制胜，未有如守仁者也。”（《明史·王守仁传》）

务当时之务，匡世济民。所谓“务当时之务”，就是要心系当下，行当务实，做到“在天下则忧天下，在一邦则忧一邦，惟恐生民之不遂”（《舜水遗书·卷八》）。战国初年，思想家墨子提出了兼爱、非攻、节用等思想观点，主张人与人之间应平等互助，反对大国侵略小国的不义战争。以墨子为代表的墨者，以济世救国为己任，致力于“兴天下之利，除天下之害”，奔走各国，锄强扶弱，多次拯救一些小国于危难之中，其中最为著名的便是“墨子救宋”的故事。

公元前440年前后，楚国准备攻打宋国，请工匠公输班着手制造攻城的云梯等器械。当时墨子正在家乡讲学，听到消息后非常着急。他一边安排大弟子禽滑厘带领300名弟子帮助宋国守城，一边亲自奔赴楚国劝阻楚王。墨子从鲁地出发，日夜兼行，10天后到达楚的国都郢。到郢都后，墨子先找到公输班，说服他停止制造攻宋的武器，并在公输班的引荐下见到了楚王。墨子对楚王说："现在有一个人，丢掉自己的彩饰马车，却想偷邻居的破车子；丢掉自己的华丽衣裳，却想偷邻居的粗布衣，这是个什么人呢？"楚王不假思索地答道："这个人一定有偷窃病吧！"墨子趁机对楚王说："楚国方圆5000里，土地富饶，物产丰富，而宋国疆域狭窄，资源贫困。两相对比，正如彩车与破车、锦绣与破衣。大王攻打宋国，这不正如偷窃癖者一样？如攻宋，大王一定会丧失道义，并且一定会失败。"楚王理屈词穷，但借公输班已造好攻城器械为由，仍拒绝放弃攻宋的决定。墨子又对楚王说："公输班制造的攻城器械也不是取胜的法宝。大王如果不信，就让我与他当面演习一下攻与守的战阵，看我如何破解它！"楚王答应后，墨子就用腰带模拟城墙，以木片表示各种器械，同公输班演习各种攻守战阵。公输班组织了多次进攻，结果都一一被墨子击破。最后，公输班攻城器械用尽，墨子守城器械还有剩余。公输班认输后并不服气，他对墨子说："我知道怎么赢你，可我不说。"墨子答道："我知道你心里想的是什么，我也不说。"楚王觉得莫名其妙，便问二人："你们说的是什么意思？"墨子义正词严地说："公输班以为杀了我，宋国就守不住，但是，我早已安排禽滑厘用墨家制造的守城器械守卫宋城，同宋国军民一起严阵以待！所以即使杀了我，你也无法取胜！"这番话，彻底打消了楚王攻宋的念头。楚王知道取胜无望，就放弃了攻打宋国的计划，而宋国上下也避免了一场战争浩劫。

四、中庸之道

中庸之道，是中国古代国家治理实现“善治”的根本方法和原则。《礼记·中庸》中有言：“中也者，天下之大本也；和也者，天下之达道也。致中和，天地位焉，万物育焉。”意思是说，“中”是天下万物的根本性质，“和”是人们共同遵守的普遍法则。只有达到了中和，天下万物才能各得其所，不断发展。从根本意义上讲，中和之道首先体现了一种辩证思维方法，追求不偏不倚、恰到好处，正如朱熹在解《中庸》之题时所言：“中者，不偏不倚，无过不及之名。”

中华文明自古就有三皇五帝之说，虽然关于三皇五帝的说法不一，但他们都是中国古代治国者普遍推崇的圣贤明君，舜便是其中之一。《礼记·中庸》中有言：“子曰：‘舜其大知也与！舜好问而好察迩言，隐恶而扬善，执其两端，用其中于民。其斯以为舜乎！’”意思是说，孔子曾经说过：“舜真是有大智慧的人啊！他喜欢征询别人的意见，就算是浅近的话，也喜欢省察它的含义。他把别人错的和不好的意见隐藏起来，把别人对的和好的意见宣扬出来，再将众人过与不及的意见加以折中，取其中道，施行于民众。这就是舜之所以能成为舜帝的原因吧！”

在孔子看来，舜之所以有大智慧，成为后世执政者的榜样，一个重要原因就在于舜遇到治国的问题时，懂得“执其两端，用其中于民”，在治国时喜欢听取他人的意见，倾听不同人的声音，并善于对这些意见去粗取精、去伪存真。他懂得兼听而非偏听、兼信而非偏信下属的意见，过与不及的意见他都掌握，并从中采纳适中的方法用于百姓。因此，对于国家治理者来讲，要做到“执两用中”，首先必须要懂得虚怀纳谏，善于兼听不同人的意见，不管是顺耳的还是逆耳的，只有这样才能审时度势，整体把握，制定最优化的治理决策。

公元 7 世纪上半期到公元 8 世纪中叶，可以说是中华民族悠久历史中最为辉煌的时期，这就是被后人津津乐道的大唐盛世。这段时期，大唐政治清明，国力强盛，经济、文化等各方面都处于世界领先地位，直到今天，海外华人仍被称为“唐人”。英国学者威尔斯在其《世界简史》一书中评价说：“在整个第 7、第 8 和第 9 世纪，中国是世界上最文明、最安定的国家。”大唐盛世的开创者是唐太宗李世民，一位在中国古代历史上与秦皇汉武齐名的帝王，在他在位的 23 年里，唐帝国经济发展迅速、文化繁荣、国泰民安，为大唐盛世的开创奠定了坚实的基础。

唐太宗以选贤任能、虚怀纳谏而著称，但是他本人容貌威武严肃，很多官员见到他都会紧张得举止失常、不知所措。唐太宗知道这个情况后，每当有人奏事时，他总是做出和颜悦色的样子，希望能够听到谏诤，知道政治教化的得失。贞观元年（公元 627 年），唐太宗对大臣们说：“正直的君主任用了奸臣，就不可能治理好国家；忠直的臣子侍奉昏庸的君主，也不可能治理好国家。只有正直的君主和忠直的大臣相处共事，如鱼得水，那么天下就可以平安无事了。我虽然不算明君，幸亏你们多次匡正补救过失，希望凭借你们直言鲠议，以实现天下太平。”谏议大夫王珪回答说：“我听说木材弹上墨线就能锯得笔直，君主听从规谏就能成为明君。所以古代圣明的君主必须设诤臣 7 人，诤臣说的话如不被接受，就一个接一个地以死相谏。陛下拓展思路，采纳臣民忠言，我等处在不避忌讳的圣朝，实在愿意把愚昧之见都讲出来。”太宗称赞他说得好，下诏规定今后宰相入宫商量处理国家大事，必须让谏官跟着进来，有话敞开说。唐太宗在位期间最有名的谏官便是魏征了。魏征以性格刚直、才识超卓、敢于犯颜直谏著称。魏征前后谏事 200 余件，直陈其过，切中时弊，唐太宗多克己接纳，择善而从。魏征死后，唐太宗伤心地说：“夫以铜为镜，可以正衣冠；以古为镜，可以知兴替；以人为镜，可以明得失。魏征逝，朕亡一镜矣。”这对贤君良臣的关系也成为千古佳话，时至今日仍传颂不已。

“执两用中”还表现为在国家治理中要注重从长远和全局出发，兼顾好当前利益和长远利益、全局和局部的关系，不可偏颇。正如《迁都建藩国议》中所讲到的，“不谋万世者，不足谋一时；不谋全局者，不足谋一域。”意思是说，不从长远角度思考问题，就难以谋划周全一时之事；不从全局利益考虑问题，就难以谋得局部之事。国家治理作为一项系统工程，必须要统筹兼顾，协调好各个领域的发展。

春秋时期，管仲出任齐相执政以后，凭借着齐国濒临海滨的条件，流通货物，积聚财富，使得国富兵强，百姓安居乐业。管仲的治理方法就是注重各个领域发展的统筹兼顾，强调政策的实施和国家的治理必须要顺乎民意。首先，注重经济建设和道德教化要协调发展。在管仲看来，国家的治理必须要注重礼仪道德的教化，导人向善，因为“不提倡礼义廉耻，国家就会灭亡”，但是道德教化的前提则是经济的富足，因为只有“仓库储备充实了，百姓才懂得礼节；衣食丰足了，百姓才能分辨荣辱；国君的作为合乎法度，‘六亲’才会得以稳固。”其次，政令的制定和实施必须要顺乎民意。在他看来，政令只有符合民意才容易推行。百姓想要得到的，就给他们；百姓反对的，就替他们废除。另外，与传统的“重农抑商”治理理念不同，管仲提出农业与商业必须要共同发展，应当在稳定农业发展的基础上重视手工业和商业的发展，他提出盐铁专营制度，主张在涉及盐、铁等重要资源的领域，要实行国有民营的政策，一方面保证了国家稳定，提升了财政收入，另一方面促进了民营经济的发展，实现了藏富于民。再者，管仲认为要维护社会和谐稳定，必须要“贫富有度”，缩小贫富差距。因此，必须禁止少数富人用囤积居奇的手段牟取暴利，要注重调节物价的高低、分散兼并的财利，否则社会将会出现无休止的兼并，这样贫富差距会越来越大，那些贫贱、鳏寡以及老而无子的人就将无法生存。最后，针对当时齐国“竭泽而渔”的风气，管仲提出了“山泽各致其时”的开发战略，规定百姓要按时令进山伐树捕猎，以保护树木和鱼类的正常生长、免遭破坏，使自然资源可持续利用。

“和而不同”是中庸之道的精髓所在，其实质即是在尊重事物多样性、丰富性、差异性的基础上求得事物之间的平衡、协调和统一。《国语·郑语》讲道：“公曰：‘周其弊乎？’对曰：‘殆于必弊者也。……去和而取同。夫和实生物，同则不继。’”西周末年，郑桓公向史伯问政：“周王朝会不会衰败啊？”史伯认为西周必然要衰亡下去，因为其目前最大的弊端就是“去和而取同”，一味地强调同一而排斥差异，无法做到兼容并蓄，这样社会便难以发展，甚至走向消亡，而只有做到“和而不同”，促进不同的事物之间彼此和谐共存才能实现永续发展。自古以来，“和而不同”便被看作是正确处理国家治理中人与人、人与自然、民族与民族、国家与国家之间关系的一条黄金法则，体现了中华民族兼容并包、协和万邦的天下情怀。

“和而不同”是一种共赢思维、共享思维。“驼铃古道丝绸路，胡马犹闻唐汉风。”公元前140多年的中国汉代，一支从长安出发的和平使团，打通了东方通往西方的道路，完成了“凿空之旅”，这就是著名的张骞出使西域。张骞出使西域，最初是为了完成汉朝统治者联合西域诸国抗击匈奴的任务，但是它的实际意义却远非如此，从西汉的敦煌，出玉门关，进入新疆，再从新疆到中亚、西亚，这条横贯东西的道路的打通，不仅在西汉和西域诸国之间建立起了联系，更是极大地推动了汉朝与西域诸国之间的经济文化交流。而这条通路就是后世闻名的“丝绸之路”。神爵二年（公元前60年），汉宣帝设立了汉朝对西域的直接管辖机构——西域都护府，丝绸之路这条东西方交流之路便开始进入繁荣发展的时代。到了唐、宋、元时期，陆上和海上丝绸之路同步发展，中国、意大利、摩洛哥的旅行家杜环、马可·波罗、伊本·白图泰都在陆上和海上丝绸之路留下了历史印记。由此，一代又一代“丝路人”架起了东西方合作的纽带和共同发展的桥梁。

“和而不同”是一种和谐思维、和平思维。如今，在新加坡圣淘沙岛的海事博物馆里，有一艘按原尺寸复制的郑和宝船。宝船足有三层楼高，雄伟异常。宝船的船头，也是博物馆的开放式剧场，参观者可以在大屏幕上观看动画短片，重温郑和下西洋的历史故事。600 多年前，明朝“三宝太监”郑和率领当时世界上最庞大的船队（包括 200 多艘海船、2.7 万多人）从南京出发，先后 7 次下西洋，历时 28 年，航程 2 万余里，造访亚非 30 多个国家和地区，史称“郑和下西洋”。此次壮举，比欧洲国家航海时间早半个多世纪，堪称“大航海时代”的先声。尽管有着当时世界上规模最大的船队，郑和下西洋却并非为了侵占他国、掠夺他族，更非充当所谓的“海上霸主”。恰恰相反，郑和一直是东西方交流的“和平使者”。他每到一国只做三件事：宣谕皇帝诏书，表达共享天下太平之福的期望；向当地国王和官员赠送礼物，传递建立和发展友好往来关系的意愿；商谈贸易。郑和 7 次下西洋，没有占领他国一寸土地，没有掠夺他国一点财物，对所有国家和民族都以礼相待、平等交往。而且，还给所到之国的人民带去了大量的丝绸、瓷器等精美物品。也因此，在很多国家和地区，郑和宝船至今仍被视为“和平”“友好”“交流”的象征。《周易》有言：“乾道变化，各正性命，保合太和，乃利贞。首出庶物，万国咸宁。”和平与发展是中华民族最深层的内在基因和精神追求，展现了中华民族追求共享天下太平之福的“天下情怀”。

意大利传教士利玛窦在《利玛窦中国札记》一书中指出，中国是一个和平主义的国家，与西方的历史文化传统完全不同，“在这个几乎有无数人员的无限幅员的国家，而各种物产又极为丰富，虽然他们都有装备精良的陆军和海军，很容易征服临近的国家，他们的皇上和人民却从未想过要发动侵略战争，他们很满足于自己已有的东西，没有征服的野心。……我仔细研究了中国长达 4000 多年的历史，我不得不承认，我从未见到有这类征服的记载，也没听说过他们扩张国界。”

2014 年 3 月 28 日，习近平主席在德国科尔伯基金会的演讲中指出：“中华民族是爱好和平的民族。一个民族最深沉的精神追求，一定要在其薪火相传的民族精神中来进行基因测序。有着 5000 多年历史的中华文明，始终崇尚和平，和平、和睦、和谐的追求深深植根于中华民族的精神世界之中，深深溶化在中国人民的血脉之中。中国自古就提出了‘国虽大，好战必亡’的箴言。‘以和为贵’‘和而不同’‘化干戈为玉帛’‘国泰民安’‘睦邻友邦’‘天下太平’‘天下大同’等理念世代相传。中国历史上曾经长期是世界上最强大的国家之一，但没有留下殖民和侵略他国的记录。我们坚持走和平发展道路，是对几千年来中华民族热爱和平的文化传统的继承和发扬。”

中庸之道用于国家治理，衍生出“宽猛相济”的刚柔并举之法。一般而言，治理方法过于刚猛，就会导致残暴，激起民怨；治理方法过于柔和，就会导致政令难以推行。而只有刚柔并济、恩威并施才能达到良好的治理效果。

“宽猛相济”的治理方法最早由春秋时期郑国政治家子产提出，后来经过孔子的因革，最终成为古代国家治理中一种行之有效的方法。子产在其执政的 10 多年间，倡导“宽猛相济”的方法，主张为政以德，德法并用，既表彰“忠俭”，反对“奢侈”，改革田地制度和兵赋制度，又“铸刑书于鼎，以为国之常法”，在中国历史上第一次正式公布成文法，限制贵族的特权，严肃朝廷法纪。在他的治理下，社会和谐稳定，百姓安居乐业，郑国作为一个中原小国依然受到周围诸侯国的尊重。子产执政期间经常告诫自己的继任者子大叔：“治理国家要采用宽猛相济的方法，而且尤其重要的是要掌握好其中的度，只有这样国家才能强盛。”后来子产病重，他对子大叔说：“我死了以后，你肯定会执政。你要记住，只有有德行的人，才能够用宽和的施政方法使民众服从，如果德行不够，就要用次一等的刚猛的方法来治理。刚猛的方法似火，火的特点是猛烈，百姓一看见就害怕，所以很少有人死在火里；宽和的方法似水，水的特点是柔弱，百姓亲近它而又轻视它，有很多人便死在水里，因此运用宽和的施政方法很难。”后来，子大叔执政，他不忍心严厉施政，而单用宽和的方法来施政，导致郑国一时出现了很多盗贼。社会秩序的混乱让子大叔很后悔没有听从子产的建议，于是，他改变之前一味宽容的治理策略，派兵去攻打盗贼，并将他们一举歼灭，盗贼猖獗的现象才有所收敛。

孔子对子产的宽猛相济方法给予了很高的评价：“善哉！政宽则民慢，慢则纠之以猛。猛则民残，残则施之以宽。宽以济猛，猛以济宽，政是以和。”（《左传·昭公二十年》）意思是说政令宽松了，百姓就会怠慢，不把政令当回事儿；百姓怠慢了，就要用刚猛严厉的措施来补救；而政令严厉了，百姓就会受到伤害，百姓受到伤害就要用宽和的方法来安抚。宽和用来调节严厉，严厉用来调节宽和，两者相互补充，政事因此才会和谐。《诗经·大雅·民劳》中也讲道：“民亦劳止，汔可小康。惠此中国，以绥四方。无纵诡随，以谨无良。式遏寇虐，憯不畏明。柔远能迩，以定我王。”“民亦劳止，汔可小康”，便是要求执政者要施与民众以宽厚；“无纵诡随，以谨无良。式遏寇虐，憯不畏明”，便是要求执政者还要用刚猛的方法作为施政的补充；“柔远能迩，以定我王”，是强调执政者要用和缓的政策使民众平安祥和。只有这样，才能达到“和之至也”的治理境界。

如今，在四川省成都市武侯区有一个全国最大的三国遗迹博物馆——武侯祠。武侯祠是纪念三国时期蜀汉丞相诸葛亮的祠堂，因诸葛亮生前被封为武乡侯而得名。走进武侯祠，人们可以看到这样一副对联：能攻心则反侧自消，从古知兵非好战；不审势即宽严皆误，后来治蜀要深思。意思是说用兵的战略要以攻心为上，这样反叛就会自然消除，从古至今，真正善用兵者并不好战；不审时度势，政策或宽或严都会出差错，以后治理蜀地的人要明白这个道理。这副对联可以说是诸葛亮当年治理蜀地时期最核心的治理理念，其精髓就是八个字：审时度势，宽猛相济。该宽和的时候就宽和，该严厉的时候就严厉，关键是要审时度势，具体问题具体把握。

诸葛亮治理蜀汉之初，针对当时益州地区法纪松弛、德政不举、当地豪强专权自恣的混乱局势，提出应重典治蜀，严明法纪，恢复社会秩序。这些严厉的措施引起了一些人的非议，尚书令法正便建议说："从前汉高祖刘邦进入关中时，曾经约法三章，秦国百姓懂得了德政。希望您能逐步放松严刑峻法，以抚慰蜀汉百姓。"但是，诸葛亮则认为蜀汉的情况同秦末汉初已大不相同，不能相提并论。他指出："秦国推行严酷的暴政，致使百姓怨声载道，不堪忍受，揭竿而起，使天下大乱。汉高祖有鉴于此，推行宽大政策。而刘璋治蜀软弱昏庸，德政推行不了，刑法又不严明，所以造成社会失序混乱。现在法制严明，人们便知道什么是恩德，再以官位加以限制，得到了官位，人们便知道什么是荣耀。荣耀和恩德并施，君臣关系明确，这才是最重要的治国之道。"诸葛亮通过厉行法治，使法纪真正产生了威慑作用，吏治得到了整顿，豪强仗势欺凌百姓的事情也基本绝迹，益州地区的社会秩序很快便得以恢复。

五、得道多助，失道寡助

“得道多助，失道寡助”，出自《孟子·公孙丑下》。原文写道：“天时不如地利，地利不如人和。……得道者多助，失道者寡助。寡助之至，亲戚畔之；多助之至，天下顺之。”说的是站在正义一方的人，能够得到更多数人的支持和帮助；而处于非正义的一方，就不能得到人们的帮助，最后将处于孤立。

中国的史书，并非单纯地记录历史，而是将价值评价融于对历史的描述之中。比如，在《史记》中写到纣王（也就是帝辛）时说，他天资聪明，思维敏捷，口才极好，同时还有一副让人羡慕的好体格，力气大得吓人，能够赤手空拳击败猛兽。这个帝王的硬实力不可谓不强，生下来不仅含着银汤匙，还外带超乎常人的能力。但帝辛的品德太差，他用他的智慧和口才来拒绝臣子的忠告，以巧言令色掩饰自己的错误。他放纵自己的欲望，“以酒为池，悬肉为林”（《史记·殷本纪》），纵情声色犬马。他还设置了炮烙这种残忍的酷刑杀害忠臣。拥有天生神力、高智商、优秀口才和至上权力的帝辛，由于站在非正义的一方，失去了道义，最后失去了所有人的支持与帮助。

相比之下，周的历代统治者，从弃、公刘、古公、季历，直到姬昌，都尊敬老人、照顾弱者、关心底层、尊重贤者。比如西伯侯姬昌，听说贤者到来，连饭都不吃也要去迎接。由于姬昌德高望重，不仅士人纷纷前来投奔他，就连邻地发生争端，都要请姬昌做裁判。虞、芮两国之人进入周国，发现民风淳朴、互谦互让，自己都感到惭愧。这样的统治者，自然能得到各诸侯的拥护。周武王继位后，周国得到各国的拥护，就连纣王的军队也临阵倒戈。周国的历代统治者，由于站在了最大多数人的立场上，得道多助，所以能取得胜利。

历史总是惊人的相似。每一代史学家在总结历史经验时，都会归结到“得道多助，失道寡助”上来。在《史记》中，太史公司马迁对秦的速亡原因也归之于失道。秦王统一六国，结束了长年战乱。然而修建奢侈豪华的阿房宫、修订残酷的律法、焚书坑儒等，使他失去了民心。“是以三主失道，忠臣不敢谏，智士不敢谋，天下已乱，奸不上闻，岂不哀哉！”（《史记·秦始皇本纪》）蒙蔽信息会导致政权最终被伤害，所以应该设立公、卿、大夫、士等官阶，用约束机制保障信息的畅通。帝王应该知道老百姓想什么，需要什么，这样才能最终得到百姓的拥护。《汉书》中记录高祖入关之初，约法三章，免除苛捐杂税，赢得了穷苦百姓的支持，最终赢得了民心，赢得了天下。汉初时“劝趣农桑，减省租赋”（《汉书·刑法志》），生产力得以恢复，最终打造了一个强大的汉朝。在《资治通鉴》中，司马光将秦之末世称为“土崩”，七国之乱称为“瓦解”。陈胜吴广起义时，他们作为底层的代表，一无土地、二无声望、三无贤名、四无财富，“然起穷巷，奋棘矜，偏袒大呼，而天下从风，此其故何也？”原因在于秦“民困而主不恤，下怨而上不知，俗已乱而政不修”（《汉书·卷六十四上》）。秦始皇所失掉的，是民心。汉初七国欲乱纲常，虽有充足的财富、武器、兵力，然而民心失去，所以最终必然归于瓦解。

汉武帝时，汉之强大到了极盛。汉武帝并没有沾沾自喜，而是深感“任大而守重”（《汉书·卷五十六》）。他曾多次下诏征求贤者意见，寻求让国家安定的良方。他认为王朝更替并非天命，而是看当权者是否体恤民众，是否得之天道。天下若要大治，“今朕亲耕籍田以为农先，劝孝弟，崇有德，使者冠盖相望，问勤劳，恤孤独”（《汉书·卷五十六》）。他深感王朝更替时，礼崩乐坏，必须通过道德教育，“导民以礼，风之以乐”（《汉书·卷六》）。各级官吏都有教化之责，还要充分利用地方贤人老者的力量。元狩三年（公元前 120 年），汉武帝下诏“谕三老、孝弟以为民师”（《汉书·卷六》），希望通过教化促使普通百姓尊礼守法，做安分守己的良民。后来更是以儒家为正道，罢黜百家、独尊儒术，实现思想上的统一。

东汉诸侯争强，曹操能够脱颖而出，统一北方，是因为他气量恢宏，深知得道多助、失道寡助的道理。他举起兴汉大旗，以唯才是举吸引人才。他多次下达求贤令，只要愿意平乱兴汉，无论出身如何，均可重用。包括刘备和孙权这两个枭雄，曹操都有意与之合作。赤壁大战，曹操惨败。然曹操不计前嫌，多次劝说孙权与之合作。这个举起天道大旗的做法，为后世所推崇。

作为历史上的明君，唐太宗李世民特别清楚，任何一个帝王都有极强的权力欲望，但要实现这一切，必须奉天道、得民心。“君依于国，国依于民”（《资治通鉴·卷第一百九十二》）。君主地位最终决定于民众之苦乐。君对民要有父母之心，要爱民护民，要“以一人治天下，不以天下奉一人”（《续资治通鉴长编·卷十三》）。君王不可骄奢淫逸，剥削百姓。“日所衣食，皆取诸民者也。”（《资治通鉴·卷第一百九十二》）因此善待民众是国家兴亡、君主安危的关键。

古人所谓的“道”，其背后有深刻的哲学道理，就是人民群众是历史的创造者。人民群众不仅是物质财富的创造者，也是精神财富的创造者，还是社会变革的决定性力量。得到了人民群众的支持，就是“得道”，其结果就是“多助”。离开人民群众的支持，就是“失道”，其结果必然是“寡助”。所以中国历史上治理智慧中最重要的一个结论，就是必须要得到人民群众的支持。

在中华文明的初期，神的地位在国家治理体系和思想体系中是极高的。殷商时期，“国之大事，在祀与戎”（《周礼注疏·卷二》）。无论国家的征伐、迁都、立邑，还是民间的畜牧、生育等，均要通过占卜，听从神的示令。君是神在人间的代表，民对于神、对于君，只有无条件的服从。商亡周兴，周的统治者认识到，商亡的真正原因不仅是“天命”，更主要是纣王荒淫无度，失去了民心。周公强调，只有获得民的支持，才可以延续周的统治。

随着社会生产力的发展，人们改造客观世界的能力不断提高，传统的尊神观念随之发生变化。《左传》中记载，宋国发生天空落石和16只飞鸟退着从宋都飞过两件奇事。宋襄公就此询问周内史叔兴，叔兴认为宋君问得不妥，因为人的吉凶由人决定，与神无关。子产进一步提出“天道远，人道迩”，天道不可及，人道可在把握之中。

《左传》中记载，桓公六年，季梁提出“夫民，神之主也”（《春秋左传·桓公（元年～十八年）》），这个观点标志着民与神的关系发生了根本的转变。到了僖公十九年，司马子鱼反对宋襄公以人为祭品。到庄公三十二年，虢史嚚提出“国将兴，听于民；将亡，听于神”（《春秋左传·庄公（元年～三十二年）》），民与国家的兴亡密切联系在一起。文公十三年，邾文公提出君与民利益的一致。襄公二十五年，晏婴提出君不可欺民。君只有为民，才能够为社稷服务。

春秋时期，民的力量也不断得以展现。其一是面对暴君，民可以大规模反抗；其二是在邦国兴亡的政治斗争中，民的存在对于政权的更替、君位的延续起了重要的作用；其三，在霸业兴替中，民的力量往往最终体现在军事行动中。孔子提出，“民以君为心，君以民为体”（《礼记·缁衣第三十三》），将民作为决定国家命运的根本力量，认为国家安危系于民心向背。孟子看到，各国诸侯频繁发动战争，对外争夺地盘，对内课以重税，百姓“民有饥色，野有饿莩”（《孟子集注·梁惠王章句上》）。他规劝齐宣王、梁惠王施行仁政，摒弃战争。他深刻地认识到，国的根本在于物质基础，如粮食的丰收、土地的耕种，而这些最终是要靠民来完成的。因此他提出一个著名的主张，“民为贵，社稷次之，君为轻”（《孟子·尽心章句下》）。荀子提出了著名的“君者，舟也；庶人者，水也。水则载舟，水则覆舟”（《荀子·王制篇第九》）的经典比喻，这个比喻经常为后代君王引用。

至汉朝，董仲舒提出，“治国之道，爱民而已”（《说苑·卷七政理》）。陆贾则提出，“夫欲建国、强威、辟地、服远者，必得之于民”（《陆贾新语注释·卷下至德（一）第八》）。《淮南子》中也有“国主之有民也，犹城之有基，木之有根。根深则本固，基美则上宁”（《淮南子·卷二十泰族训》）的说法。

唐宋时期，深受儒家思想影响的知识分子提出如“人以君为天，君以人为本”（《旧唐书·列传第四十八》）等重民本的思想，强调民众是国家的根基，民心向背与国家治乱盛衰密切相关。唐儒杜佑甚至提出“故以一人治天下，不以天下奉一人”（《旧唐书·卷一百九十上》），与孟子的思想隔空呼应。著名理学家张载将民本思想上升到哲学高度，认为天道是通过民心得以体现，“大抵天道不可得而见，惟占之于民”（《经学理窟·诗书》）。君主之道，在于恩施于民众。知识分子的使命，是“为天地立心，为生民立命，为往圣继绝学，为万世开太平”（《近思录·为学》）。二程则强调，民众才是根本。心学大师陆九渊认为君要行天道，所谓天道，就是要以重民、养民、富民、教民为“道”。理学集大成者朱熹对儒家经典的批注成为后世标准，他解读孟子的“民为贵，社稷次之，君为轻”，认为“盖国以民为本，社稷亦为民而立，而君之尊，又系于二者之存亡，故其轻重如此”（《四书章句集注·尽心章句下》）。他在保证君主集权制的前提下，强调了民心与君主统治之间互为前提的逻辑关系。这种解读，也最能为君主所接受。

到明清时期，伴随着资本主义的萌芽、商品经济的发展，先进知识分子对民意、民心、民力的认识又有了进一步的发展。在《明夷待访录》中，黄宗羲强调民的重要性，不仅仅看到了民心是皇权稳固的基础，还看到了江南新兴富有阶层的力量。深受儒家思想影响的富有乡绅，事实上有助于底层的治理。谭嗣同看到，“抑尝观于乡矣，千家之聚，必有所谓富室焉”（《仁学》）。到了清末，代表资产阶级立场的声音逐步强了起来，梁启超就非常强调发展新式工商业，他甚至预言若民族工商业得不到发展，国内市场将被外来资本占据。

然而，中国古代治理智慧中的得道多助、失道寡助的思想，更多的是强调工具性，而非价值指向。只有在马克思主义先进分子登上历史舞台后，在唯物史观的视野下，科学地认识到人民群众才是历史的创造者，得道多助、失道寡助才被赋予了新的内涵。

六、群策群力

群策群力，是指遇到问题时大家团结一致，共同想办法。有智慧、有作为的君主往往能团结自己的大臣共商国计，共克时艰。重视人才、广开言路、知人善任，是群策群力的三个基本要素。重视人才才能吸引人才，广开言路才能给人表现才能的机会，知人善任才能让人才更好地发挥自身才能。

中国历史上不乏礼贤下士的治理者，有能力、有节操的人受到上司的尊重，自然会尽心尽力。

《战国策》中记录了一个“千金市骨”的故事。公元前314年，燕国发生了内乱，临近的齐国乘机出兵，侵占了燕国的部分领土。燕昭王当了国君以后，决心招纳天下有才能的人，振兴燕国，夺回失去的土地。燕昭王去向一个叫郭隗的人请教，怎样才能得到贤良的人。郭隗说：“成就帝业的国君以贤者为师，成就王业的国君以贤者为友，成就霸业的国君以贤者为臣，行将灭亡的国君以贤者为仆役。如果能够卑躬屈节地侍奉贤者，屈居下位接受教诲，那么才能超出自己百倍的人就会光临；早些学习晚些休息，先去求教别人然后再默思，那么才能胜过自己十倍的人就会到来；别人怎么做，自己也跟着做，那么才能与自己相当的人就会来到；如果倚靠着几案，拄着手杖，盛气凌人地指挥别人，那么跑腿当差供人驱使的人就会来到；如果放纵骄横，行为粗暴，吼叫骂人，大声呵斥，那么就只有奴隶和犯人来了。这就是古往今来实行王道和招致人才的方法啊。大王若是真想广泛选用国内的贤者，就应该亲自登门拜访，天下的贤人听说大王的这一举动，就一定会赶着到燕国来。”昭王说：“我应当先拜访谁呢？”郭隗说：“我听说古时有一位国君想用千金求购千里马，可是3年也没有买到。宫中有个近侍对他说，‘请您让我去买吧。’国君就派他去了。3个月后他终于找到了千里马，可惜马已经死了，但是他仍然用500金买了那匹马的脑袋，回来向国君复命。国君大怒道：‘我要的是活马，死马有什么用，而且白白扔掉了500金？’这个近侍胸有成竹地对君主说：‘买死马尚且肯花500金，更何况活马呢？天下人一定都因此知道大王您真心喜爱千里马，千里马很快就会有人送来了。’果然，不到一年，就有3匹千里马被送来了。如果现在大王真的想要罗致人才，就请先从我开始吧。我尚且被重用，何况那些胜过我的人呢？他们难道还会嫌千里的路程太遥远了吗？”

于是昭王为郭隗专门建造了房屋，并拜他为师。消息传开后，乐毅从魏国赶来，邹衍从齐国赶来，剧辛从赵国赶来，各路人才争先恐后集聚燕国。昭王又在国中祭奠死者，慰问生者，和百姓同甘共苦。燕昭王二十八年（公元前284年）的时候，燕国殷实富足，国力强盛，士兵们心甘情愿为国效命。于是昭王任用乐毅为上将军，联合秦楚及三晋赵魏韩共同策划攻打齐国，齐国大败，齐闵王逃到国外。燕军又单独痛击败军，一直打到齐都临淄，掠取了那里的全部宝物，烧毁了齐国宫殿和宗庙。齐国城邑中只剩下莒和即墨没有被攻下。

三国时代，汉室衰败，各路诸侯逐鹿中原。每一个强大的政治军事集团的崛起无不以优秀人才为后盾。没有人才优势，就没有事业上的成功。曹操对此深有体会。建安十二年（207 年），曹操颁布了一道命令："吾起义兵诛暴乱，于今十九年，所征必克，岂吾功哉？乃贤士大夫之力也。天下虽未悉定，吾当要与贤士大夫共定之；而专飨其劳，吾何以安焉！其促定功行封"（《三国志 · 魏书 · 武帝纪》）。意思是：我起兵平乱至今已经 19 年了，每次征讨都能成功，难道是我自己的功劳吗？是我身边人才的功劳啊！而今天下还没平定，我应当同他们一起完成这项事业；而让我独享这份功劳，我怎能心安？所以我要根据他们的功劳进行封赏。

在选择人才的标准上，曹操以其政治家的独特气魄，一反过去以门阀和名气取人的传统标准，主张不拘一格、"唯才是举"。著名的《八月令》竟然明确提出要起用那些"负污辱之名，见笑之行，或不仁不孝而有治国用兵之术"的人才，这是对以门阀品第为唯一标准的传统人事制度的一次猛烈冲击。对于曹操"识拔人才，不拘微贱，随能任使，皆获其用"的选才标准，连宋代保守主义政治家司马光也给予了积极的评价。

"三顾茅庐"是中国历史上家喻户晓的一个故事，出自《三国志 · 蜀志 · 诸葛亮传》，讲的是汉末刘备请诸葛亮出山的故事。诸葛亮在《出师表》中说："臣本布衣，躬耕于南阳，苟全性命于乱世，不求闻达于诸侯。先帝不以臣卑鄙，猥自枉屈，三顾臣于草庐之中，咨臣以当世之事，由是感激，遂许先帝以驱驰。"意思是：我本来是一个平民百姓，在南阳种地，在乱世当中苟且偷生，不求功名。先帝不嫌弃我的粗鄙，委屈自己三次来我居住的草庐见我，请教我治理天下的策略，我非常感激，于是同意为先帝服务。诸葛亮鞠躬尽瘁，先为刘备奠定了三分天下的局面，后又六出祁山为刘备匡扶汉室，直到生命最后一刻仍然在为刘备打天下。

优秀的君主治理国家，为了发现并重用人才，往往不会放过任何细节。《新唐书·魏征列传》中记载了唐太宗阅卷识马周的故事，正说明了这一点。

贞观三年（629年），唐太宗发布诏令，要文武百官都上书直言，分析治理国家的经验教训，为今后的发展提出建议。一时间，满朝文武百官纷纷送来了各自的奏章。唐太宗打开这些奏章逐一认真阅读。当读到禁卫将军何常的奏章时，唐太宗简直不敢相信自己的眼睛，但再次仔细端详后发现落款还是何常。奏章里一共写了20多条建议，不仅旁征博引、引经据典，而且说得头头是道、句句在理。唐太宗惊叹之余不禁暗自思量：何常明明是一个大字不识几个的“大老粗”，怎么会写出这么高深的文章呢？难道自己看错人了？唐太宗马上派人找来何常。何常一头雾水，不知道自己哪里得罪了皇上。不过，他还是大大咧咧地走进宫，“扑通”一声跪倒在地。唐太宗一看，不禁又犯起嘀咕：何常还是那个何常啊，怎么会写出那样的文章呢，这里一定有缘故。

唐太宗说：“何爱卿平身。我且问你，那奏章是你自己写的吗？”何常听了一激灵，心想坏了，皇上看出破绽了，我这不是犯了欺君之罪吗。他偷眼观察了一下唐太宗，发现皇上不但没生气，反而微笑着等他回答，于是悬着的心落了地。何常回答道：“禀皇上，那奏折不是我写的，是我家的下人马周写的。”唐太宗听了哈哈大笑道：“速请马周前来见朕。”

马周一听说皇上找自己，赶忙进宫，一路上遇到几拨人，都是唐太宗派来请他的。马周见过唐太宗后，唐太宗让他坐在自己的对面。一席深谈过后，唐太宗觉得此人可以委以重任，于是当即下令让马周到宰相府上班。这下，不仅何常感到意外，就连长期在皇上面前跟班的人都觉得惊讶：一个没有科考出身的贫寒子弟，一下子就被提拔到宰相府当差，他能行吗？

然而，事实证明，唐太宗的这个决策的确很英明。马周不负皇恩厚望，为唐朝的发展提出了很多合理化建议。唐太宗如获至宝，一路为马周加官晋爵，直至升任唐朝宰相。尽管马周多次上表直陈，指出朝政弊端，唐太宗也不愠不怒，反而对马周赞赏有加。唐太宗不无感慨地说："我一时半会儿不见马周，就想念他。"

正是唐太宗的这种"任人唯贤"的做法，造就了唐朝少有的盛世，也为后人留下了宝贵的财富。

治理国家的人要想群策群力，除了尊重人才，还要广开言路，充分给予人才表达自己想法的机会，同时要虚心听取这些想法，包括反对自己的意见，只有这样才能集合大家的智慧，共同把国家治理好。

《战国策》中讲述了"邹忌讽齐王纳谏"的典故，是广开言路的好例子。

战国时期，齐国谋士邹忌是个美男子。他身高八尺多，体形矫健，容貌美丽。有一天早上，邹忌穿好了衣帽，照着镜子对他的妻子说："我跟城北的徐公谁漂亮？"他的妻子说："您漂亮极了，徐公哪里比得上您呀！"城北的徐公，也是齐国有名的美男子。邹忌自己信不过，就又问他的妾说："我跟徐公谁漂亮？"妾说："徐公哪里比得上您呢！"第二天，有位客人从外边来，邹忌跟他坐着聊天，问他道："我和徐公谁漂亮？"客人说："徐公不如你漂亮啊。"又过了一天，徐公来了，邹忌仔细地看他，自己认为不如他漂亮；再照着镜子看自己，更觉得相差太远。晚上躺在床上反复考虑这件事，终于明白了："我的妻子赞美我，是因为偏爱我；妾赞美我，是因为害怕我；客人赞美我，是有求于我。"

于是，邹忌上朝廷去见齐威王，说："我确实知道我不如徐公漂亮。可是，我的妻子偏爱我，我的妾怕我，我的客人有事想求我，所以他们都说我比徐公漂亮。如今齐国的国土方圆1000多里，城池有120座，王后、王妃和左右的侍从没有不偏爱大王的，朝廷上的臣子没有不害怕大王的，全国的人没有不想求得大王恩遇的。由此看来，您受的蒙蔽一定是非常深的。”齐威王说：“说得真好。”于是他下了一道命令：“所有的大臣、官吏、百姓，能够当面批评我的过错的，可得上等奖赏；能够上书劝谏我的，得中等奖赏；能够在众人集聚的公共场所指责议论我的过失，并能传到我耳朵里的，得下等奖赏。”政令刚一下达，就有许多大臣前来进献谏言，宫门和庭院像集市一样热闹；几个月以后，还不时地有人来进谏；一年以后，大臣们即使想进言，也没有什么可说的了。燕国、赵国、韩国、魏国听说了这件事，都到齐国来朝见齐王。齐威王虚心纳谏，身居朝廷而不动刀兵就使别的国家臣服了。

在古代中国，君王掌有至高无上的权力，臣子们出于对皇权的敬畏，难免会迎合君王，说一些好听的话。而忠言逆耳，君主广开言路、虚心纳谏并不容易，这需要君主具有宽广的心胸。《新唐书·魏征列传》中记载了“唐太宗纳谏”的故事，正说明了这一点。

有一次，魏征在上朝的时候，跟唐太宗争得面红耳赤。唐太宗实在听不下去，想要发作，又怕在大臣面前丢了自己能虚心接受意见的好名声，于是勉强忍住。退朝以后，他憋了一肚子气回到内宫，见到他的妻子长孙皇后，气冲冲地说：“总有一天，我要杀死这个乡巴佬！”长孙皇后很少见太宗发那么大的火，问他：“不知道陛下想杀哪一个？”唐太宗说：“还不是那个魏征！他总是当着大家的面批评我，让我实在忍受不了！”长孙皇后听了，一声不吭，回到自己的内室，换了一套朝见的礼服，向太宗下拜。唐太宗惊奇地问道：“你这是干什么？”长孙皇后说：“我听说，有英明的天子才有正直的大臣。现在魏征这样正直，正说明陛下英明，我怎么能不向陛下祝贺呢？”这一番话就像一盆清凉的水，把唐太宗满腔怒火浇熄了。后来，他不但不记恨魏征，反而夸奖魏征说：“人家都说魏征举止粗鲁，我看这正是他可爱的地方啊。”

贞观末年，唐太宗有时不免志骄意满，“晨出夕返，驰骋为乐”。魏征就写了一篇奏章，叫作《十渐不克终疏》。文章列举了唐太宗执政之初到当前为政期间态度的 10 个变化，并当着唐太宗的面，批评了唐太宗在 10 个方面没有始终不渝地保持贞观初年的优点，提醒唐太宗要居安思危。唐太宗听了不但没有发怒，反而把魏征的奏章写在屏风上，朝夕攻读，以资警惕。而且他还告诉史官据实记载，使千古万世了解君臣之义。643 年，魏征病死。唐太宗很难过，他流着眼泪说：“一个人用铜作镜子，可以照见衣帽是不是穿戴得端正；用历史作镜子，可以看到国家兴亡的原因；用人作镜子，可以发现自己做得对与不对。魏征一死，我就少了一面好镜子。”

由于唐太宗重用人才，能采纳大臣的直谏，政治开明，而且注意减轻百姓的劳役，采取了一些发展生产的措施，唐朝初期经济出现了繁荣景象，社会秩序比较安定，历史上把这段时期称作“贞观之治”。

真正做到群策群力的君主不仅能够尊重人才、广开言路，而且还能够知人善任。知人善任是指能够正确认识人的品德和才能并合理任用，这一方面要求治理者能够不带偏见地认识人才，另一方面要求治理者懂得扬人才之“长”，使人才自身的优势得到充分发挥。

宋太祖赵匡胤得了天下之后非常重视人才，尤其重视从下层选拔优秀的人才。他准备了一个小记录本，用以随时记录对臣下的考察结果。无论是朝中大官还是地方小官，只要有才能，赵匡胤绝不计较资历和级别，都默默记下，等到某部门有职位空缺时，就翻开笔记本从中选用。

科学地认识人才还表现在君主能够用人不疑。能臣得到重用，往往遭人记恨而受到恶意诽谤。贤能的君主往往能坚持自己的判断，不受误导。君主用人不疑，臣子才能鞠躬尽瘁，达成这种君臣关系才能治理好国家。《清史稿·施琅传》中记载了康熙皇帝重用施琅的故事，实为君信臣贤的典范。

施琅，字尊侯，号琢公，最初为明朝总兵郑芝龙部下左冲锋。顺治三年（1646年），清军攻占福建，施琅随郑芝龙降清。郑芝龙归京，其子郑成功占据海岛反清，招施琅同反，遭拒。郑成功拘役了施琅及其家属，施琅用计逃脱，结果他的父亲、弟弟及子侄都被郑成功杀害。康熙即位后，升施琅为福建水师提督。此后朝廷一直用施琅攻击郑成功的海上势力。施琅治军严整，精通水战，战无不胜。康熙二十二年（1683年），施琅率舰队攻打澎湖，眼睛被乱箭射中，仍坚持督战，一战攻克澎湖，统一台湾，被封靖海侯。捷报传来，康熙极为高兴，赋诗表扬施琅之功，赐给他御用袍及其他服饰衣物。施琅上奏推辞侯爵，乞请依内大臣故例赏赐花翎。当时朝廷议论纷纷，但是皇帝下令施琅不要拒绝封爵，并依允他的请求赐花翎。施琅建议在台湾设立三个县、一个府和一个巡道，康熙也答应了。

康熙二十七年（1688年），施琅入朝觐见。皇帝对他深加慰劳，并下诏对他说："你此前做内大臣共13年，当时还有人瞧不起你。只有朕对你了解深刻，待你优厚。后来三藩平定，却有海上寇贼占据台湾，为害福建。要消灭此贼，非你不可。朕对你特加招用，你也不负使命，把60多年来难以平定的贼寇一举歼灭。有人说你恃功自傲，朕这次命令你北上来京，又有人建议应把你留下，不要再归遣南方。朕想到动乱之时，尚且能够用人不疑，现在天下已经平定，难道反而怀疑你、不放你回去吗？现在朕命你回复原任，你要更加谨慎，以保持自己的功名。"施琅赶紧上奏称谢："臣已年老力衰，担心不能胜任封疆重任。"康熙皇帝说："将帅崇尚智术而不崇尚勇力。朕用你也是用你的智术，岂是要用你的手足之力？"于是施琅重任原职。施琅攻克郑氏后，有人认为他必定要报父仇，对郑氏大加杀戮。施琅说："孤岛刚刚收复，一旦杀人，恐怕引起不测。我之所以辛劳苦战，是为了国家重任，不敢因此而顾及私情。"康熙三十五年（1696年），施琅死在任上。

人才往往不是全才，而是在某一方面或某几个方面有超人的才能，有智慧的君主往往能够发现他们的过人之处，将其用在合适的地方。汉高祖刘邦就是这样的君主。

《汉书·陈平传》中记载了刘邦任用陈平的故事。陈平是刘邦定国安邦的股肱之臣。他少年时家境贫寒，爱好读书，致力于黄帝老子的治世之道。陈涉起兵后，立魏咎为魏王。陈平告别兄长，去追随魏王咎。他向魏王游说，不被采纳，又有人进他的谗言，陈平就逃离而去。这时项羽占领了黄河，陈平去归附项羽，颇有战功，拜为都尉（仅次于将军的军官）。后因为项羽气量狭小，不能容人，陈平恐遭杀身之祸，就留下项羽赏赐给他的金帛和官印，负剑而逃。

陈平通过魏无知求见汉王刘邦。汉王召他觐见，问："您在楚担任什么官职？"陈平答："做都尉。"二人相谈甚欢。汉王当天拜陈平做都尉。诸将不服气，议论纷纷："大王一天之内就让这个不知底细的楚国逃兵享受特殊待遇！"汉王不予理睬，对陈平又加恩赏。周勃、灌婴等旧将进言："陈平虽然气度不凡，但未必有真才实学。听说他叛魏逃楚，又叛楚降汉，是一个反复无常的人。大王不应委他重任。"汉王表示怀疑，责问魏无知："有这回事吗？"魏无知说："有。我当初推荐他，是因其才能。而陛下问的是德行。而今楚汉争雄，现在即使有尾生、孝生这样行孝、守信的人，但于战争胜败无益。陈平有奇谋，有利国家，其劣迹又何足为虑呢？"陈平也为此辩解："我侍奉魏王，他不重用我，所以我投靠项王。项王任人唯亲，外人即使有谋略也不受信任。我在楚就听说汉王肯用人，所以前来归附大王。若我的计谋可取，希望大王能采用。若一无是处，我请求回家。"汉王给了他丰厚赏赐，授为护军中尉（掌派遣安排诸将之事）。此后再没人敢议论他了。

某天，汉王问陈平："天下战乱纷纷，何时能够平定啊？"陈平说："项王表面上礼贤下士，但论功行赏时又小家子气。大王您虽然不拘俗礼，但是肯用丰厚金帛与爵位吸引人才。项王的股肱之臣只有亚父范增、钟离眛、龙且、周殷等人。现在只需大王行反间计，拿出数万斤金贿赂他们。项王易信谗言，必生内乱。那时候大王趁机进攻，定能破楚。"汉王认可陈平的计谋，将4万斤黄金交由陈平任他处置，不问去处。

陈平用重金贿赂楚军，并散布谣言：将军们劳苦功高，却始终得不到应有封赏，还不如投靠汉王。项羽知道后疑心大起，遣使者到汉。刘邦的人见到使者后故意怠慢，佯装吃惊地说："我以为是亚父的使者，原来是项王的使者呀！"项王于是疑心亚父。亚父大怒："天下事基本已定了，君王好自为之，我回老家去了。"之后在回家途中病发而亡。亚父是项羽最得力的谋士，失去他使项羽大伤元气，对刘邦战胜项羽具有里程碑式的意义。反间计的成功无疑与刘邦充分信任陈平是分不开的。

西汉思想家杨雄在《法言·重黎》中指出："汉屈群策，群策屈群力。楚憞群策而自屈其力。屈人者克，自屈者负。"国家治理不是一个人在治理，而是一群人在治理，团结更多的人才能汲取更多人的力量把国家治理好，这是古人告诉我们的智慧。

七、明德慎罚

《尚书·康诰》中有言："惟乃丕显考文王，克明德慎罚。"

周朝初立，由于周武王早亡，周成王年幼，周武王的胞弟周公便代理朝政。周公摄政7年，制礼作乐，提出了"明德慎罚"的国家治理方法。所谓明德，就是提倡尚德、敬德，强调以德治国，它是慎罚的根本指导思想和保证。所谓慎罚，就是刑法适中，不乱罚无罪，不乱杀无辜。“明德慎罚”的实质便是注重德治与法治的辩证统一。“德治”注重的是内在的道德教化，强调以德服人；“法治”注重的是外在约束，强调以力服人，两者相互补充，便可达到政通人和。

德治与法治结合，并不意味着两者是同等地位的。从地位上讲，德治是本，而法治是德治的补充。《群书治要·袁子正书》中讲道：“夫仁义礼制者，治之本也；法令刑罚者，治之末也。无本者不立，无末者不成。先仁而后法，先教而后刑，是治之先后者也。”意思是说，仁义礼制才是治国的根本，而法令刑罚是治国的枝节。没有仁义礼制就无法立国，没有法令刑罚也无法有效治理国家。因此，要先行仁政而后行法制，先行教化而后行刑罚，这才是治国讲求的先后次序。

“德治”强调制度的建设和运行要合乎民心、顺应民意，这是一种朴素的以德为先的民本思想。孔子认为好的制度应符合“仁爱”这一价值准则，他强调制度的道德价值，认为用严刑峻法治理社会，只能治理问题之标，起到一时的效果，而不能从根本上去除人的罪恶之源，但如果通过制礼作乐来进行道德教化，就能使人从内心深处自觉地遵守秩序。《淮南子》中讲：“不知礼仪不可以行法。”如果社会成员连基本的礼义廉耻都没有，要想推行政令法规肯定也是行不通的，因为法律是有局限性的，“法能刑人，而不能使人廉；能杀人，而不能使人仁。”也就是说法令可以惩罚人，但不能培养人的品性；法令可以杀人，但不能使人向善。

在中国传统的治理理念中，德是凌驾于法之上的。一个国家制度的制定和价值理想的达成不能仅靠冰冷的法律条令，而是要通过礼仪制度的道德教化作用，向人们传导“人人皆有仁爱之心”的道德理念，从而内化而形成一种“心灵的秩序”，外化而实践为“君子之道”。《论语·为政第二》中讲道：“道之以政，齐之以刑，民免而无耻；道之以德，齐之以礼，有耻且格。”也就是说，如果用政令来引导百姓，使用刑罚来整治百姓，百姓只会暂时免于犯罪，却不会有羞耻之心；但是如果用道德来引导百姓，使用礼教来治理百姓，那么百姓不但会有羞耻之心，耻于作恶，而且能遵守正道。

面对春秋时期“礼崩乐坏”的失序状况，孔子主张要“正名从周”。所谓从周，即是从“周礼”，也就是要效法周朝的礼法制度。周礼，一般公认的是指周初确定的一整套典章、制度、仪节等。那么为什么要恢复周礼呢？因为在孔子看来，春秋时期之所以出现“君不君、臣不臣、父不父、子不子”的天下失序的混乱局面，根源在于周礼的被废弃。只有恢复周礼，效法古代圣贤明君的德行和制度，做到“祖述尧舜，宪章文武”，社会才能由失序走向有序，即“天下有道”。

在中国古代的国家治理历史中，如果执政者能做到以德治天下，社会秩序便会稳定有序；如果抛弃道德礼治，一味地强调严刑峻法，国家便会走向灭亡。战国末期，秦国通过变法，不断发展壮大，灭了其他六个诸侯国之后，建立了中国古代第一个大一统帝国。但是这一威震四海的强大帝国只存续了 15 年便被推翻了。为什么如此强大的帝国却如此短命呢？汉朝思想家贾谊在他的文章《过秦论》中分析了其中的缘由。贾谊指出，秦朝为稳定统治，竟然把残暴苛政作为治理国家的根本手段，不讲仁德信义，实行严刑酷法，以此来使民众顺服，导致民不聊生、怨声载道。当百姓无法忍受之时，便揭竿而起，在一次又一次的农民起义冲击之下，秦帝国也很快走向了覆灭。所以贾谊认为：“以礼义治之者，积礼义；以刑罚治之者，积刑罚。刑罚积而民怨背，礼义积而民和亲。故世主欲民之善同，而所以使民善者或异。或导之以德教，或驱之以法令。导之以德教，德教洽而民气乐；驱之以法令者，法令极而民风哀。”（《汉书·贾谊传》）也就是说，以礼义道德为主导来治理国家就会积累礼义道德，以刑罚为主导来治理国家就会积累刑罚。刑罚积累得多百姓便会怨声载道，礼义道德积累得多老百姓便会和睦相处。所以，我们可以发现，历代统治者虽然使民向善的出发点相同，但方法却不一样，有的以道德教化引导人们向善，有的以刑名法令驱使人们向善。以道德教化来引导，如果德化教育合适，民风就会淳朴向善；以刑名法令来驱使，若法令过于严苛，人们就会产生怨恨。

基于此，秦朝的接替者汉朝吸取了秦帝国灭亡的教训。汉高祖刘邦在初入关中时，便和关中百姓约法三章，提出除了杀人的处死、伤人和抢劫的各当其罪以外，所有的秦朝法律全部废除。这种做法受到了关中百姓的欢迎，他们纷纷拿出酒食来犒赏刘邦的士兵。汉朝建立之后，便推行休养生息的政策，渐渐地发展壮大起来，而后便出现了中国历史上著名的“文景之治”。汉文帝是使汉帝国强盛的一位主要奠基者，他在执政时期，尤其注重道德教化在国家治理中的重要作用，他主张废除严刑酷法，取消连坐、肉刑等法律，推行仁政。当时有些官员反对，认为百姓不能自律，所以才用刑罚来约束他们，制定严厉的刑罚就是要让百姓心存畏惧，使他们不敢触犯法律。汉文帝反驳说，治理百姓的根本目的是使他们向善，如果法律不能使人向善，反而激起民怨，那又有何意义。孔子曾经说过：“不教而杀，谓之虐。”也就是说，如果不先对人们进行道德教化、让他们知道做人的本分，就去对他们实行刑罚，这就是暴政。汉文帝自身谦逊自守，君臣上下以导致秦灭亡的弊政为鉴戒，论议国政讲究以宽厚为本。这种风气影响到全国，于是风俗归于笃实厚道，官吏安于自己的官位，百姓乐于自己的生业。所以，汉初虽然法制不完善，但是上行下效，民风向善，社会秩序稳定和谐。在汉文帝年间，甚至一年之内全国只审判了 400 多起案件，出现了停止动用刑罚的景象。

中国古代的国家治理虽然强调以德治为本，但是并不否定法治的重要作用，因为道德教化可以导人向善，而政令刑罚则可以阻止人们作恶。因此，在重视道德礼教的基础上，以刑罚作为补充，从而保证德政的更好实现，德主刑辅逐渐成为执政者治理国家的主要方法。

《唐律·疏议名例》中讲道：“德礼为政教之本，刑罚为政教之用，犹昏晓阳秋相须而成者也。”意思是说德政与礼制是统治与教化的根本，法律与刑罚是统治与教化的运用，这就好像黄昏与拂晓相继为一昼夜、春季与秋季相继为一整年一样，两者相互依存、相互配合、不可或缺。

另外法令的实行必须要做到“慎刑”。实施刑罚的目的是惩恶扬善，因此，刑罚要适中，不可繁多。因为“滥用刑罚的法令反而会生出更多的刑罚”，使刑罚像滚雪球一样越来越繁多。正所谓“法令滋彰，盗贼多有”（《道德经·第五十七章》），在老子看来，一个国家制定的法令越多、越严苛，盗贼反而会越来越多。实行刑罚的目的是为了达到不用刑罚，因此，刑罚的使用要谨慎，要敬畏生命。

唐太宗贞观年间，相州人李好德有间歇性精神失常，经常说一些荒谬的话，于是就惹上了官司。唐太宗命大理寺丞张蕴古调查审理这个案件。张蕴古调查后发现李好德确实有间歇性精神失常，便上奏唐太宗说：“李好德确实患有疯病，按照法规不应判罪。”唐太宗便答应了。但是张蕴古却把唐太宗的旨意私下里告诉了李好德，还跟李好德一起下了盘棋。后来，持书侍御史万纪便向唐太宗告发了张蕴古。唐太宗大怒，下令将张蕴古斩首于东市。过了不久，唐太宗对此事非常后悔，因为按照律令量刑，张蕴古的罪行并不应该判死罪，但由于自己一时冲动却处决了他。为了弥补自己的错误，避免以后再发生这样的事情，唐太宗当即下了一道诏书：凡是判处死刑的，即使下令立即处决的，也都必须要经过5次复奏才能执行。后来又补充道：京城各主管部门奏请处决死囚，应该在3天中重复上奏5次，其他各个州府也要重复上奏3次才行。由此，唐朝死刑复核制度得以确立，并一直被后代王朝所沿用发展。由于贞观年间用刑宽大公平，慎重适中，所以社会也安宁和睦，少有犯罪发生。史料记载，贞观四年（630年），全国范围内被判处死刑的只有29人，监狱和刑罚几乎就要搁置不用了。

八、居安思危

居安思危，是中国古代政治家基于对历史的发展，以及对前朝覆灭教训的思考，所形成的一个基本认识。将一切不安全的隐患消弭于雏形，是历代君王的责任与使命。为此，在加强有形的制度建设和无形的思想建设方面，历朝历代都不敢怠慢。

周初的统治者，特别是周公，对前朝的治理进行了深刻的反思。在他看来，商灭亡的原因主要有三个：刑罚过于严苛，松散的部落联盟不利于中央政权对下属部落的控制，权力的继承分配混乱。为此，周公有针对性地进行了制度建设。

鉴于殷商因滥用刑罚而导致民怨沸腾，周公对具有强制力的律法进行了改良，将“慎罚”与德治相结合。周公强调：其一，刑罚要有依据。“敬哉！无作怨，勿用非谋非彝蔽时忱。”（《尚书·康诰》）其二，刑罚根据犯罪人的态度而定轻重。犯小罪而不知反省要重罚，犯大罪而知悔罪，或并非主观故意犯罪的，给予轻罚甚至豁免。其三，坚持用刑要使民心悦服。其四，判罚前主判人要有一段清醒期，以免在情绪下错判。其五，对于不遵王命，或者违法的官吏也要处罚。可以说，周公制定的这些刑罚原则对后世的影响是巨大的，它力图从源头上消除底层的怨气，以保证政权的长治久安。

周初，纣王之子武庚联合管叔、蔡叔妄图复辟，周公率师东征，用时3年粉碎了这起阴谋。周公认为，沿用夏商时期松散的部落联盟式的管理体制，殷人聚集，他们在政治上缺乏中央政权的直接管理，思想上又缺乏对周天子的认同，这是产生问题的根源。于是，周公强化了分封制。分封制打破了部落血缘的界限，以周人为统治核心，分派姬姓或功臣进行统治，原有殷人旧势力被拆散到各个邦国，互相之间不可能再进行联系。各分封的诸侯国不仅在名义上归周天子所有，在实际政治生活中也对周王室承担相应的责任和义务，包括镇守疆土、缴纳贡赋、派人服役等，形成了事实上的君臣关系，也形成了中华大一统的观念。

为消弭内部隐患，周公确立起一套稳定的权力继承与分配的体制，这就是对后世影响深远的宗法制。宗法制，核心是权力的传承按照家族血统继承的方式传递，以血缘关系的远近确定权力和社会资源分配的多少。“立嫡以长不以贤，立子以贵不以长。”（《春秋公羊传注疏·昭公卷二十三》）嫡长子继承制这样客观的标准使得继承人的资格被限定在具体的一个人身上，从而降低了权力移交时政治动荡的概率，保证了政权的稳定。自天子而下，诸侯、大夫、士等各自的地位、身份，以及相互之间的利益分配、话语权大小等关系，也就此确定下来。

春秋五霸始于齐桓公，而管仲的改革与治理，对齐的兴起起到了巨大的作用，也为后世所推崇。管仲治国的一个重大进步就是完善制度。第一，他首倡“治民之本，本莫要于令”（《管子·重令》）的理念，以法治国，极大地提高了治理效率；第二，上层尊者守法垂范民众；第三，强调令行禁止；第四，强调德治与法治的结合。

战国时期，群雄并起。哪个国家更具有战斗力，要看哪国的中央政权能够更好地将权力集中起来，从而发号施令的效率更高。各国纷纷变法，其中秦国的商鞅变法最为成功。商鞅首先提倡在全国推行郡县制。“集小乡邑聚为县，置令、丞，凡三十一县。”（《史记·商君列传》）郡县长官不可世袭，要由国君直接任免。县下设乡、亭、里等地方机构，直至什、伍等编户的最基层组织。如此一来，秦王就将国内的政权、兵权、财权、人事任免权集于一身，极大地提高了秦国备战、作战的效率。

秦初，郡县制度得到进一步完善，呈现出如下特点：第一，中央之下设10郡，郡下设县；封君食邑中“国”的数量很少，相当于县；县下面有乡、里等基层政权组织。第二，郡县官吏（包括主官和其他重要官吏）由中央直接任免，官吏的职责范围和权限由秦廷制定的法规加以规范，地方官吏接受上一级政府考核。第三，秦廷拥有掌控国内资源的主要权力，包括决策权、立法权、官吏任免权、军队调动权、司法权、监察权、财权等。第四，地方权力被拆分，形成地方官吏之间相互制衡的机制，如行政权属郡守、军事权属郡尉、监察权属监察御史。第五，郡县地方官吏有部分自主权。

秦始皇在完善郡县制的同时，还完善了官僚体系。他在中央设置三公：丞相、太尉、御史大夫，左右丞相协助皇帝处理全国事务，太尉协助皇帝处理全国军务，御史大夫负责监察工作；三公之下设九卿，奉常掌管宗庙礼仪、郎中令掌管宫廷戍卫、卫尉掌管宫门警卫、太仆掌管皇帝车马、宗正负责皇族事务、典客负责少数民族事务、少府掌管皇家财富、治粟内史负责赋税、廷尉负责刑罚。如此一来，周设定的贵族世袭制度被打破。

秦始皇为了实现统治的稳定和长期发展，在军事征服后，在政治、经济、文化等各个领域都采取了新的措施。除了推行郡县制、构建官僚体系外，还统一了文字、货币和度量衡，这些都大大强化了大一统的社会制度。

秦始皇深受法家思想影响，特别注意完善法律制度。他在思想上强调法，强调立法度、行法治、任狱吏、严刑罚；重视立法定制，在天下一统之后，逐渐完善法令一统的治理体系；重视法律的普及工作，秦的各级官吏的任职条件之一就是精通法律，并有向民众宣讲法律的义务；强调依法施治，在处理事务时，总是先找到法律依据，尚法而治；依法严格治吏，凡有官吏触犯法律者，无论贵贱亲疏，一律严惩。

汉高祖刘邦对于秦朝的速亡有清醒的认识。周采用分封制，相对于之前松散的部落联盟的管理方式是一个重大的进步，然而封地上的诸侯势力逐渐强大，最终导致分裂。秦采用郡县制，将地方权力收归中央，然而秦却速亡了，这是为什么呢？难道是郡县制不如分封制吗？刘邦没有简单采用非此即彼的思考，而是将二者进行了有机的结合。

刘邦采取了分三步走的策略，将分封制与郡县制相结合。第一步，对反秦战争与楚汉战争中的功臣和各地势力进行分封，目的是争取力量、孤立项羽，最终赢得天下。第二步，刘邦分封异姓王和功臣侯，但此时分封已经为此后削藩作了准备。分封之后，列侯有名分而无实权，有侯国但无治权。侯爵一般被限制住在京城，侯国之相则由汉廷任免。第三步，铲除异姓王，分封同姓王。刘邦的这个分封与周的分封有很大不同。中央所辖的中心地区和重要地区没有分封。同时，郡县制也在同步推行。从全国行政区划看，郡县制是主导，对诸侯王的发展起到了重要的抑制作用。这也为后来汉景帝平息七国之乱、汉武帝实行推恩令奠定了基础。

汉武帝在位期间，是汉代的鼎盛时期。汉武帝作为的核心，就是加强中央集权，从而维护统治，维护多民族国家的统一和稳定。主要措施有：第一，强干弱枝，加强中央集权。在吸取“七国之乱”教训的基础上，汉武帝借主父偃之策，颁布“推恩令”，诸侯王推恩分封子弟为侯，地方势力被不断削弱。后制订“左官之律”和“附益之法”，严禁朝臣外附诸侯，严禁诸侯大臣结党营私。经不断打压，“诸侯惟得衣食税租，不与政事”（《汉书·卷十四》）。第二，加强对地方州郡县的直接控制。每州设刺史，考察吏治。重用酷吏打压地方豪强。第三，建立内外朝制度，限制丞相权力。汉武帝通过提高内朝在决策机制中的作用，限制丞相与外朝的权力，形成以内制外的机制，最终使所有权力集于汉武帝一身。

盛唐的制度建设也非常有代表性。隋的灭亡让唐太宗李世民对制度设置有新的思考。他认为，若权力过于集中于皇帝一人，就难以形成制约与平衡机制。“一日万机，一人听断，虽复忧劳，安能尽善？”（《贞观政要·求谏第四》）他认为要在尊君的前提下，实现君臣共治。他借鉴了魏晋时设置的三省职官，完善为三省六部制。中书省制定法令，门下省审议，尚书省主持执行法令。三省权责分明，相互制衡。入阁议事皆有谏官、史官进行约束。如此一来，君主和权臣皆不可独断。每个政令出台，须经两省审议，包括天子在内所有人皆不可轻动。尚书省下设六部，掌管政令，再由九卿贯彻与落实。李世民精心设计的这套制度，在当时对权力的制衡与限制方面已经做到了极致。

至宋代，宋太祖赵匡胤是通过阴谋夺权坐上帝位的，他最为担心的是被他人效仿。要想稳定权力，必须加强中央集权。所以他采取的措施包括“夺权柄”“制钱谷”“收精兵”三法。其一，“夺权柄”就是削弱地方权力。为改变五代时节度使握有地方军政大权的局面，宋太祖以知州易方镇，以文官易武将，大大削弱了地方权力，并逐步将地方案件审理权进行回收，连幕府中的幕职人员都由中央铨授。其二，“制钱谷”，就是将地方财政权收归中央，地方不得占留金帛。其三，“收精兵”，就是将用兵权回收中央，历史上著名的“杯酒释兵权”，就是宋太祖为加强中央集权，通过在酒宴上威胁利诱的方式，要求高级将领交出兵权的历史事件。同时，宋太祖还不断改革完善兵制，用强干弱枝之法，不断铲除地方军阀势力。

元的短命与蒙古统治者将草原管理模式照搬至中原有着密切的关

联。到明中期，面对政治腐败、财政匮乏、边疆不安的局面，首辅张居正用10余年时间，进行了大刀阔斧的改革。改革的目的是“集权、富国、强兵”。

张居正面对明朝政务懈怠的局面，努力提高政府办事效率，加强明廷权力。张居正推出“考成法”，将皇权的一部分转移到内阁。所谓“考成法”，就是每个部门都要将所应办大事一式三份记录，自留一份，与六部相对应的六科备注一份，内阁保管一份。每件事注明完成期限，完成一件就注销一件。由内阁检查六科，六科检查六部，六部监督地方落实完成情况。通过层层监督，使内阁能够掌控部门和地方的办事效率。

张居正还提出“省议论、振纲纪、重诏令、核名实、固邦本、饬武备”六条治政要旨，实现政治改革。省议论，即摒弃官场中华而不实的风气，要求各部门机构必须“省事尚实”（《明实录・穆宗实录》），“章奏务从简切”（《明实录・穆宗实录》）；振纲纪，就是严明法纪，决不姑息迁就；重诏令，就是令行禁止，提高各级政府部门办事效率；核名实，就是使用人才、任免官吏时，要唯才是举，对皇亲国戚中的无能之辈不可许官，杜绝世袭。张居正任职期间，重用了抗倭名将戚继光、水利专家潘季驯等，又治理了滥用驿站等不良风气。

历代政治家们还知道，不仅要用制度灭山中之贼，更要用思想上的管控消弭心中之贼。以周公为代表的周初统治者的重要功绩之一，就是设计了礼乐制度，“周人尊礼尚施，事鬼敬神而远之，近人而忠焉”（《礼记・表记》），以礼乐制度维护社会秩序与君王权威。

汉武帝刘彻17岁继位，虽青春年少，却有着雄才大略，一心要振兴朝纲，成为千古一帝。相对于黄老之学，他更欣赏进取的儒家思想和成就帝王霸业的法家思想。通过罢黜百家、独尊儒术，他逐渐将儒外法内演变为其治理思想的主线。建元元年（公元前140年），汉武帝启用儒生，任用重儒的窦婴为丞相，迎接名儒申培公、董仲舒等入朝。

建元五年（公元前 136 年），“置五经博士”（《资治通鉴·卷十七》），儒学成为官方政治学说，实现了政治指导思想的初步转换。后来由于窦太后干预，重儒之策受到挫折。至建元六年（公元前 135 年），窦太后病卒，汉武帝开始大刀阔斧地巩固儒学的地位，以儒学的德治教化控制束缚人们的思想，用一整套无条件尊君的等级制度，加上忠孝仁义等温情脉脉的儒家外壳，构建起一个严密的管理体系。

唐太宗李世民非常注意吸收前隋的教训。他看到，如果权力集中于皇帝一人手中，固然效率极高，然而君王不易看到自己的缺点，容易闭塞言路，孳生奸佞小人，于是他倡导形成和谐的君臣关系并身体力行。他提倡：第一，君臣以道义相合。君与臣要有共同的道德规范约束自己的行为，均以道自守。君臣和谐是实现天下大治的前提条件。第二，君臣亦师亦友。君须与臣形成亦师亦友的关系，从而将忠臣当作自己的镜鉴。第三，君强臣弱，利害攸关。君强臣弱但利益一致，会形成协调与稳定的同盟。一旦利害相驳，臣则会害君。“子不肖则家亡，臣不忠则国乱。”（《太平御览·卷九十六》）第四，划清君臣界限。在君与臣之间，君是主导，臣为辅助。对于君王特权的事，臣不得乱言染指。“君，源也；臣，流也。”（《资治通鉴·卷一百九十二》）在拥君护君的大前提下，臣做好辅助君的事情。

清朝统治者自入关后就清楚地知道，可以马上夺天下，不可马上治天下。作为一个马上民族，他们深知自己虽然在军事方面具有优势，但在文化方面堪比蛮荒。因此，清统治者在文化上迅速汉化，主动学习以儒家思想为主的中原文化。康熙帝更是对儒家文化推崇备至，他每年固定祭孔两次，甚至身冒严寒也要亲赴曲阜祭拜。这极大消弭了他们与中原王朝的文化摩擦，对于吸引知识分子向统治阶级靠拢、分化敌对势力起到了重大作用。

九、见微知著

《文子·九守》中讲道:“夫道，大以小而成，多以少为主，故圣人以道邪天下，柔弱微妙者见小也，俭啬损缺者见少也，见小故能成其大，见少故能成其美。”国家治理是一项复杂的系统工程，必须要统筹规划、协调推进，既需要抓大放小，以大兼小，善于观大势谋大局抓大事，更要注重以小带大、小中见大，善于见微知著，防微杜渐，做到持之以恒，久久为功。从逻辑关系上讲，只有首先做到小中见大，通过敏锐的洞察力和判断力判断事物发展的本质和规律，才能真正做到抓大放小，运筹帷幄之中，决胜千里之外。

天下大事，必作于细。任何事物的发展趋势总是生于微毫之处，国家治理也不例外。《道德经·第六十三章》中有言:“图难于其易，为大于其细。天下难事，必作于易；天下大事，必作于细。是以圣人终不为大，故能成其大。”意思是说解决困难的事要从还容易解决时去谋划，做大事要从细小处做起。天下的难事都是从容易的时候发展起来的，天下的大事都是从细小的地方一步步形成的。因此，圣人始终不直接做大事，而是从细易处着手，所以才能成就大业。这种智慧体现在国家治理层面就是要注重从细易处着手，从小事做起。

国家治理应从细易处着手，做到“见微以知萌，见端以知末”(《韩非子·说林上》)。《史记·宗微子世家》记载了这样一个故事：殷纣王刚刚即位，生活便开始奢侈起来，使用起了象牙筷子。对此，纣王的叔父箕子叹息道:“他使用象牙筷子，必定不再用陶制的食器盛东西，并且要做犀玉之杯了。有了犀玉杯、象牙筷，必不会再吃野菜制成的食物、穿质料粗劣的衣服、住茅草铺顶的房屋，而会要求披‘锦衣九重’、居‘高台广室’。长此以往，普天之下的东西都无法满足得了他了！远方的珍怪之物、舆马宫室等等都逐渐齐备，这些都自此而始，我担心他由此走向灭亡！”事实正如箕子所预料的，没过多久，纣王便开始建造鹿台，酒池肉林，穷奢极欲，最终导致民怨沸腾，落得亡命亡国的下场。《韩非子·说林上》对此事评价道：“圣人见微以知萌，见端以知末，故见象箸而怖，知天下不足也。”意思是说，圣人见到微小的现象就知道事物的发展趋势，见到事情的开端就知道最终结果，而箕子就是从一个小小的象牙筷，预见到了明日之大祸。正所谓“奢靡之始，危亡之渐”，“不矜细行，终累大德”。不注意小节方面的修养，到头来就会牵连大节受损。因此，作为国家治理主体的官员，必须要做到慎独、慎初、慎微，只有“勿以恶小而为之，勿以善小而不为”，才能“唯贤唯德”，从而“能服于人”。

被康熙誉为“天下第一清官”的张伯行曾任福建巡抚、江苏巡抚、礼部尚书等多个国家要职，他为人清廉刚直，从不收受礼物，并极力反对以馈赠之名行贿赂之实。在江苏巡抚任上，张伯行为拒绝送礼者，特地撰写了一篇名为《禁止馈送檄》的告示，张贴于居所院门及巡抚衙门。文中写道：“一丝一粒，我之名节；一厘一毫，民之脂膏。宽一分，民受赐不止一分；取一文，我为人不值一文。谁云交际之常，廉耻实伤；倘非不义之财，此物何来？”那些送礼者见此犀利檄文，不敢自讨没趣，便悄然离开。这篇檄文也不胫而走，广为传诵，被视作为政清廉的“金绳铁矩”。这篇《禁止馈送檄》，全文仅56字，共用了8个“一”字，充分表达了张伯行关心百姓疾苦、注重个人名节、反对送礼行贿的主张。在他看来，“一丝一粒”虽小，却牵涉自己的名节；“一厘一毫”虽微，却都是民脂民膏。如果对百姓宽待一分，那么百姓所得就不止一分；如果向百姓多索取一文，那么自己的为人便一文不值了。

国家治理应从点滴做起，持之以恒，久久为功。《道德经·第六十四章》中讲道：“合抱之木，生于毫末；九层之台，起于累土；千里之行，始于足下。”意思是说，合抱的大树，是从细小的萌芽生长起来的；九层的高台，是用泥土一点点建筑起来的；千里的远行，是从脚下举步开始走出来的。这句话在阐明事物发展变化规律的同时，也告诫人们：无论做什么事情，都必须具有坚强的毅力，从小事做起，从点滴做起，持之以恒，注重量的积累，才可能有大发展、成大事业。

勤政与否是中国古代评价帝王德行的一个非常重要的标准。所谓勤政，即恪尽职守，勤于政事。在中国皇朝历史上，纵观几百位帝王，像雍正帝那样勤政的君主，可谓前无古人，后无来者。清康熙末年，由于内政的松懈和连年征战，国库逐渐空虚，腐败之风泛滥，社会危机越发凸显。雍正继位后，自诩“以勤先天下”，不巡幸、不游猎，日理政事，终年不息。仅以朱批奏折而言，雍正朝现存汉文奏折 35000 余件、满文奏折 6600 余件，共 41600 余件。他在位期间，每天的平均睡眠时间只有 4 个小时，每年除了自己的生日，基本没有休息。他平均每天批阅奏折约 10 件，亲笔朱批，不假手于他人，有的奏折上的批语竟有 1000 多字。他在位只有短短 12 年，却为“康乾盛世”的形成奠定了深厚的基础：大力整顿财政，使得清朝的国库从亏空 800 万两达到盈余 6000 万两；取消人头税，改征亩产税，使百姓得到很好的休养；实行改土归流，加强对西南少数民族的统治；出兵青海，平定西北叛乱；铁腕反腐，严厉整顿吏治等等。

《道德经》中云：“治大国，若烹小鲜。”用烹饪比喻治国，“烹小鲜”时要求不能随意翻动，作料要恰到好处，火候要掌握得当，要尊重烹饪的规律，否则就会或烂或焦，或咸或淡。治大国也是这样，不能朝令夕改乱折腾，不能操之过急求政绩，也不能懈怠马虎不负责任，而是要了解国情，体察民意，尊重规律，科学施政。大与小从表面看有明显差异，但却有相通之道、相合之处。

国家治理要保持政策的稳定性和连续性，不可“朝令而暮改”。

《韩非子·解老》中讲道："凡法令更则利害易，利害易则民务变，民务变谓之变业。故以理观之，事大众而数摇之，则少成功；藏大器而数徙之，则多败伤；烹小鲜而数挠之，则贼其泽；治大国而数变法，则民苦之。是以有道之君贵静，不重变法。故曰：'治大国者若烹小鲜。'"意思是说，凡是法令变更了，利害情况也就跟着改变；利害情况改变了，民众从事的事业也就跟着变化；从事的事业有了变化，就叫作变换民业。所以按照道理来看，役使大众而屡屡让他们发生变动，功效就会很小；收藏贵重器物而屡屡加以挪动，损毁就会很大；烹煮小鱼而屡屡加以翻动，就会伤害它的光泽；治理大国而屡屡改动法令，百姓就会受到坑害。因此懂得治国原则的君主把安定看得很宝贵，法令确定以后，不再轻易变更。这便是"治理大国就像烹煮小鱼一样"的真正含义。政策朝令夕改，是国家治理的大忌。

千里之堤，毁于蚁穴。民生无小事，枝叶总关情。解决细微的民生琐事，实则是治国理政的大事，关系到社会稳定、国家前途命运，必须以小心谨慎的态度来对待，容不得一丝懈怠和马虎。正如清代经学家万斯大在《周官辨非·天官》中所指出的："利民之事，丝发必兴；厉民之事，毫末必去。"也就是说，凡是有利于百姓的事情，即使再小也要去做；凡是危害百姓的事情，即使再小也要革除。

1510年的春天，王阳明离开贵州龙场驿，赶往江西吉安府，出任庐陵县知县。开府办公第一天，县衙里一下子涌进上千个当地老百姓，大家齐刷刷跪在地上，要求新任知县减免赋税。王阳明了解情况后得知，庐陵县本来赋税就很重，这一年朝廷还下令庐陵县上贡本地并不出产的葛布，百姓的日子就更难过了。王阳明认识到，这样下去终究会酿成大患，于是他当即宣布说："诸位父老乡亲，我会将你们的苦情向上级汇报，不仅今年新增的葛布钱不用上交，而且往年所欠的所有赋税也全部免了。"此举减轻了民众负担，赢得了民心，更是消除了庐陵地区的安全隐患，维护了地方稳定。

接着，王阳明发布上任后的第一道告示，要求百姓息讼。原来，庐陵地区的民风既淳朴又强悍，老百姓之间只要有点冲突，十有八九要到官府诉讼。虽然诉讼能够处理一些事情，但并不利于调节整个社会风气，同时也会繁政扰民。基于此，王阳明规定，如果百姓有重大事情一定要打官司，只允许投诉一件事，状纸不能超过两行，每行不能超过 30 字，超过者一律不予受理。告示发出后，老百姓一片哗然，但王阳明坚持不受理那些不符合规定的官司。他把工作的重心转向完善地方行政机构，慎重选聘里正三老，由他们负责对当地居民进行劝导，从基层开始移风易俗，纯化民风。通过三老的劝导，百姓们也从内心真正感受到官府是为他们着想，就不断有人来撤诉。原本堆积如山的案卷逐渐减少，庐陵民风为之一变。

王阳明在庐陵县虽然只待了 7 个月，但在这 7 个月里，他一共发布了 16 道告示，颁布了多项举措，一举改变了当地一直未能解决的政事积弊的情况，把庐陵县治理得井然有序，百姓也安居乐业。这些治理举措充分反映了王阳明体察民情、关心民众疾苦的为民情怀。如他在《禁约榷商官吏》中规定："仰钞案回道，即便备行收税官吏，今后商税，遵照奏行事例抽收，不许多取毫厘；其余杂货，俱照旧例三分抽一，若资本微细，柴炭鸡鸭之类，一概免抽。"又如他在《批追征钱粮呈》中写道："目击贫民之疾苦而不能救，坐视征求之患迫而不能止，徒切痛楚之怀，曾无拯援之术，伤心惨目，汗背赧颜，此皆本院之罪，其亦将谁归咎！各府州县官务体此意，虽在催科，恒存抚字，仍备出告示，使各知悉。"

大与小是辩证的，细节决定成败。近与远、点与面落实到国家治理上，便是当前与长远、局部与全局的关系。立足当前，着眼长远；立足局部，把握全局。在长远和全局的高度审时度势，抓住关键点。

后　记

不忘历史才能开辟未来，善于继承才能善于创新。对绵延 5000 多年的中华文明，我们要多一份尊重，多一份思考。重视历史、研究历史、借鉴历史是中华民族的一个优良传统，也是中国共产党治国理政的宝贵经验。中国特色社会主义制度和国家治理体系就是植根中国大地、具有深厚中华文化根基的制度和治理体系。新时代坚持和发展中国特色社会主义，必须更加重视系统研究中国历史和传统文化。党的十九届五中全会开启了全面建设社会主义现代化国家的新征程，我们要坚持实事求是、去伪存真的科学态度，从中国古代治理智慧中汲取营养，为推动中国特色社会主义制度更加完善、国家治理体系和治理能力迈向现代化提供有益借鉴。

正是出于这种思考，中央党校原副校长徐伟新教授主持撰写《大国之治：中国古代的治理智慧》一书，从思想、制度、方法三个维度系统阐释中国古代治理的历史经验。中央文化和旅游干部学院副院长陈锋博士、中央党校科学社会主义教研部教授李志勇博士、黑龙江大学侯一夫博士、新乡学院万庆博士、洛阳师范学院谷耀宝博士、中央纪委新闻传播中心慕振东博士、山东省委党校王艳峰博士、山西省财政税务专科学校郭晓旭博士、中国政法大学杨抗抗博士、中央文化和旅游干部学院科研处段俊杰博士、北京中医药大学司天卓博士参与书稿撰写，中央党校学习时报社副总编何忠国博士参与统稿。书稿在写作过程中参考了大量已有研究成果，在此表示感谢。书稿中的某些观点可能存在不当之处，敬请提出宝贵意见。

徐伟新

2021 年 5 月

图书在版编目（CIP）数据

大国之治 ：中国古代的治理智慧 / 徐伟新著. -- 北京：
外文出版社，2021.10
（读懂中国）
ISBN 978-7-119-12864-1

Ⅰ. ①大… Ⅱ. ①徐… Ⅲ. ①国家－行政管理－研究
－中国－古代 Ⅳ. ①D691.2

中国版本图书馆 CIP 数据核字（2021）第 210899 号

出版策划：国家创新与发展战略研究会
出版指导：陆彩荣
出版统筹：胡开敏

责任编辑：焦雅楠
装帧设计：柏拉图创意机构
印刷监制：秦　蒙

大国之治：中国古代的治理智慧

徐伟新 **著**

出 版 人：胡开敏
出版发行：外文出版社有限责任公司
地　　址：中国北京西城区百万庄大街 24 号　　**邮政编码**：100037
网　　址：http://www.flp.com.cn　　**电子邮箱**：flp@cipg.org.cn
电　　话：008610-68320579（总编室）　　008610-68996177（编辑部）
008610-68995852（发行部）　　008610-68996183（投稿电话）
制　　版：北京杰瑞腾达科技发展有限公司
印　　刷：北京盛通印刷股份有限公司
经　　销：新华书店 / 外文书店
开　　本：700mm × 1000mm　1/16　　**印　　张**：14.25　　**字　　数**：171 千字
装　　别：平装
版　　次：2021 年 11 月第 1 版第 1 次印刷
2022 年 9 月第 1 版第 3 次印刷
书　　号：ISBN 978-7-119-12864-1
定　　价：55.00 元